JN108749

世界で造る日本の庭園

Creating Japanese Gardens
around the World II

福原成雄
FUKUHARA Masao

光村推古書院

Creating Japanese Gardens Around the World II

First Edition May 2020
by Mitsumura Suiko Shoin Publishing Co., Ltd.
407-2 Shimomaruya-cho Kawaramachi Sanjo Nakagyo-ku,
Kyoto 604-8006 Japan

Author: FUKUHARA Masao

Designer: TAKAHASHI Yoshimaru & INAMOTO Masatoshi
Printing program director: KURATA Atsushi
Editor: OHNISHI Ritsuko
Publisher: GODA Yusaku

© 2020 FUKUHARA Masao   Printed in Japan
 ISBN978-4-8381-9852-8 C0052

目次

はじめに

日本庭園には、各々にガーデンヒストリーがある。

ガーデンヒストリーは、庭園が誰によってどのような思いで企画され、誰の手によってどのような庭園構成、技術で作られたか、以後どのように維持管理されてきたかを明らかにすることである。庭園そのもの価値と歴史的価値が重要である。

庭園の美しさを観賞するだけでなくその庭園のガーデンヒストリーを楽しんでいただきたい。

設計者、庭園管理者はガーデンヒストリーを熟知し、来園者に解説できなければならない。

前回、大阪芸術大学出版助成により、1995年から2005年に海外で行なった日本庭園作庭について一冊にまとめ、2007年11月10日『日本庭園を世界で作る』を株式会社学芸出版から発行した。その中で取り上げたのは1996年「英国王立キュー植物園（キューガーデン）内日本庭園」、1998年「長春市日中友好会館日本庭園」、2001年「タットンパーク内日本庭園」、2001年「チェルシーフラワーショー出展日本庭園」、2001年「ウェールズ国立植物園内日本庭園」、2003年「ロスチャイルド美術館内日本庭園」、2005年「英国王立ウィズリーガーデン内ロックガーデン」などである。

その後2006年から2018年までの12年間に行なった主な日本庭園基本設計、復元、作庭、維持管理、日本庭園文化紹介講座、ワークショップなどは以下の通りである。

基本設計は、2006年にイギリス風景式庭園（狩猟園）を生かした池泉回遊式、借景をテーマにした「ブッシーパーク日本庭園」、2008年にイギリス風景式庭園（自然地形）を生かした池泉回遊式をテーマにした「ハーローカー日本庭園」、2009年に羊・牛・馬のための牧草地を生かした池泉回遊式、瞑想をテーマにした「ブラックプール　恵まれない子供の施設日本庭園」、2010年にイングリッシュガーデンを生かし枯山水をテーマにした「バラク邸庭園」、2013年にトルコ海辺（地中海）の風景を生かした池泉回遊式をテーマにした「トルコ・ボドルム市日本庭園」。

庭園調査は2017年に、1962年築造されたイタリア・ローマ日本文化会館日本庭園の修景整備を目的にした「イタリア・ローマ日本文化会館日本庭園現況調査」。

作庭は、2009年6月〜2010年7月に「トルコ・エスキシェヒル市日本庭園」池泉回遊式庭園、2010年〜2011年11月に「イギリス・ロンドンイートンプレイス日本庭園」枯山水庭園、2013年に「ローズマリー邸庭園」枯山水庭園、2014年からは「スコットランド・コーデン城日本庭園」池泉回遊式庭園復元及び枯山水庭園作庭。

維持管理は、1998年「英国王立キュー植物園内日本庭園」、「タットンパーク内日本庭園」、2005年3月、2007年3月、2011年3月、2015年8月、2016年3月「ロスチャイルド美術館内日本庭園」、2012年5月、2014年1月「イートンプレイス日本庭園」。

日本庭園文化紹介講座とワークショップは、2004年9月25日〜30日、2011年5月2日〜

7日にタットンパーク、2006年、2007年、2008年、2011年にキューガーデン内日本庭園、2008年、2009年にカルダーストーンパーク、2010年5月3日～16日にオーストラリア・メルボルン、2016年、2017年にローマ、2018年2月にスペインで行なった。

今回はこれら2005年以後の海外で行った海外で作られた日本庭園の調査、設計、施工監理、維持管理、修復、復元、日本庭園文化紹介講座、作庭ワークショップについていくつかの事例を紹介し、そのノウハウをわかりやすく解説する。内容は、大阪芸術大学紀要、日本造園学会関西支部、イギリス、オーストラリア、フランス、イタリアで行なった作庭、維持管理の報告内容等に加筆したものである。

国土交通省は、2016年から海外の日本庭園の実態調査を、外務省を通して行ない、2カ所を選定して2017年から修復のための調査を行なっている。「国土交通省は、2017年度から、海外にある日本庭園の修復を支援するため、造園技術者を派遣する。施設側に庭園管理のノウハウがなく、手入れが行き届かない例も目立つという。園内の美観を取り戻して日本文化に関心を持ってもらい、日本を訪れるきっかけになることを期待している。まず欧米の2～3カ所の庭園を選んで技術者を派遣する。現地の人が樹木の剪定（せんてい）や庭石の修繕などに習熟するよう技術研修も行なう」ということである。

国土交通省によると、海外の100カ国以上に日本庭園があり、総数は500を超える。多くは公園や博物館の一角にあるという。石灯籠が崩れたり、枝が伸びたりしたまま放置されている庭園もあり、在外公館などを通じて支援の要請が寄せられている。海外20カ国・地域の約3千人を対象とした昨年の民間調査では、日本の地方を旅行した際に体験したいものとして、日本庭園は、温泉、自然、桜に次ぐ4位だった。国交省の担当者は「海外の日本庭園は日本文化の発信の場でもある。適切な管理を支援することで、多くの外国人に関心を持ってほしい」と発表しており、この時期に海外の日本庭園作庭、維持管理、庭園文化紹介、作庭ワークショップを紹介する図書はタイムリーと考えられる。限られた時間、誰に何を伝えるのか、残すのか。美しい日本の自然風景、四季の移り変わりを背景に飛鳥時代から石や樹木、水を大切にして育まれた日本庭園は、時代により、宗教、建築と密接に関わりながら、様々な様式を生み出してきた。その壮大な物語を是非とも知っていただきたい。海外の人々の日本庭園への関心は高く、日本庭園の歴史、形態そしてどのような技術、技法で作られ、利用され維持管理されてきたかを知りたいという声は多い。一方、日本人造園技術者は、海外の事情、状況への対応の経験がまだまだ不足している。海外における庭園活用、運営に関する企画立案についても同様である。作るまでは熱心であるが、その後の維持管理に関する日本からの技術者派遣対応が予算、人材等で難しいのが現状である。また、相手国との関係、人材についても情報が不足している。それらを一体的に考えた管理体制が必要である。

拙著が海外で作庭、維持管理、日本庭園文化紹介を志される若い方、造園技術者に少しでもお役に立てれば幸いである。

chapter 1

庭園調査、基本設計「楽園を想いえがく」

海外で庭園の設計を行なう場合、まずは、なぜ庭園を作るのか、修復復元するのか、の問いかけから始まる。

　そして、新設の場合は、なぜ、どの様な日本庭園を作りたいのか、日本に対する憧れ、日本の思い出、日本文化に対する考え等を聞くことから始まる。修復復元の場合は、誰によって作られたのか、作られた経緯、資料の有無を調査する。

　作庭の依頼があると、打ち合わせ調査日時を調整して、約1週間の予定で現地に滞在している。

　依頼者と面談、要望を聞き、今までの経緯、取組内容、作成資料、現況図面等を確認する。打ち合わせ後、現場に行き現況について説明を聞く。そして、30分程度歩き回り、その時に、周りの景色、現場へのアクセス、地形、周辺の植物、方位、水の流れ、風の向き、樹木の生育状態、建物等を確認する。その状況を写真、ビデオで撮影、録画を行なう。そして、依頼者から疑問点を聞きだし、問題と感じたことを述べる。これら一連の経緯と、時にはその時点でのイメージも言葉にして、ビデオに録画する方法をとっている。

　図面があればそこに書き込む。この方法は、1995年に行なったキューガーデン内日本庭園作庭調査からである。これによって帰国

後、リアルな状態で図面作成を行なうことができるようになった。特に海外での設計は、すぐに現場の確認ができないので、滞在中も、最初と最後に現場を訪れている。滞在中に、周辺に作られている庭園、樹木・石材ナーサリーを訪問して材料の確認を行なっておく。この時点では、特に決めず、自由に見て回ることを心がけている。

　それらの調査資料に基づき、帰国後図面作成にかかるが、概ね1ヶ月程度計画案を温め、熟した頃一気に平面図、スケッチ図面作成にかかる。この時点では、あまり思い悩まないようにしている。石材、樹木については調査写真を基に、配置、大きさを考えて、配石図、配植図を作成する。

　樹木選定では、将来の維持管理を考えて自然樹形で、大きく成長しないものを選んでいる。

　石材については、日本では、付着しているコケを大切にする等、石に対する特別な思いがあるが、海外ではそれほど石に対して愛着を感じていないことが多く、扱いがぞんざいである。したがって、運搬には特に注意をするようにお願いしている。

**　庭園調査で大切なことは出会った人々との信頼関係です。**

1. イギリス・ブッシーパーク日本庭園基本設計
The Japanese Landscape Garden at the BUSHY PARK

2006（平成18）年、キューガーデンで日本庭園エリアを担当していたマーク（Mark Bridger）氏から連絡があった。キューガーデンを退職後、ヘッドガーデナーとして勤務している王立公園ブッシーパーク内に借景庭園を作りたいので是非とも協力してほしいとの依頼である。
2006年9月6日、ブッシーパークを訪れた。鹿が立ち入れないようにフェンスで囲まれた森に、シャクナゲが生い茂り、心地良い緩やかな道が、水の流れに沿って池へと続いている。池は明るく開け、鳥たちの楽園であった。
ここが、借景をテーマにした日本的風景庭園の計画地である。

■暫定的なプロジェクト進行予定
2007年3月24日〜 31日　借景庭園内容の打ち合わせ
2007年9月4日〜 5日　　大使館での打ち合わせ、樹木調査
2008年3月23日〜 4月3日 現況調査測量

1 - 現況

　現場は、流れに沿った園路から抜け出た平坦地で急に視界が開き、周囲が大きく茂った既存樹林に囲まれた池部分である。池中央には大きな出島と、大小の島が浮かび、形態が判らないほど既存樹が茂っている。池は周囲の樹林と溶け込んで来園者の目を楽しませている。木製フェンスで囲われた園地の外には広々とした公園の芝生地が眺望できる。

2 - 設計意図

　池、出島、島を中心にした樹林地の風景要素を日本の庭園技術である借景技法を駆使した借景庭園として整備するものである。
　借景とは、庭園の立地条件を巧みに利用した独特な景観構成手法である。景観は近景、中景、遠景で構成され、これらの景観を俯瞰、仰観する眺望行為である。

　ブッシーパーク借景庭園は、現存する樹林、池、出島、島の眺望を生かし、遠景の公園樹木、芝生地と、近景の出島、島、池、対岸の樹林地を眺望するために、地形に高低差を造り、園路を回遊しながら様々な眺望を楽しむ憩いの庭園とする。さらに、イギリスの風景と日本の風景が一体となるように景観の演出を行なう。

　優美な築山を造成し、出島に架かる木橋、木橋から出島中央の藤棚に向かって徐々に上っていくと、園路際の日本的刈り込みの低木、島に架かる石橋、島中央の野面積の石垣に囲まれた修学院離宮をイメージした腰掛待合、藤棚、石垣を近景に、木橋、土橋、島を中景にして周囲の公園、公園外の遠景を眺望できるようにす

る。そして、藤棚のある出島から下り、土橋を渡り、池を回遊しながら眺望を楽しむ回遊式借景庭園である。

築山には、自然な地形の中に景石を点在させ、モミジを主体に、記念植樹のコウヤマキ、築山の適所に低木を配植する。

出島には、園路、飛石、中央に石垣に囲まれた展望台となる広場を設け、休憩できるように日陰となる藤棚を設置、既存樹木を生かしながら日本種のモミジ、ツツジ類、地被類の配植を行なう。

島は、露出した岩盤を生かしながら中央に低い石垣を設け、景観を演出するとともに、石垣に腰掛けられるようにし、モミジ、草花の配植を行なう。周囲の園路からの景観ポイントともなる。

木橋、土橋は、出島に架けられ景観のポイントとなると同時に、橋上から周囲の眺望を楽しむように設置する。

園路は、池周囲を楽しく回遊できるように土舗装、砂利敷き舗装とし、場所によって飛石を設置する。

3 - 現地調査、作業日報
（2007年3月25日〜4月6日）

（1）3月25日
スキポール空港では待ち時間がありすぎだったが無事にロンドン到着。

（2）3月26日

ハイドパークの事務所で打ち合わせ
10時〜
メンバー:
ロイヤルパーク側

レイ（Ray Brodie）氏……ブッシーパーク部長
マーク氏……ブッシーパーク副部長
デニス氏、ウイリアム氏、ミッシェル氏
日本側
福原、アンジェラ（Angela Davies）、辻井

設計説明を行なう。内容的には全員が賛成、しかし、予算的に総額の25％（6万£）しか準備できないのでスポンサーを探さないとできない。2008年度のロイヤルパークの予算は、別のプロジェクトに充てられており、2009年度でないと工事ができないとのこと。当初は今年度、9月に万博記念協会に申請書を提出し、2008年度工事をする、としていたのができなくなりそうである。27日の大使館との話し合いが心配である。資金調達の段取りを考慮した事業の進め方を考える必要がある。

> 1案……2009年度工事をする場合の補助金申請の日程。
> 2案……2008年度工事をする場合の補助金申請の日程。
> 3案……2007年度工事をする場合の補助金申請の日程。

［その他］
・工事を2ヵ年にまたがってできるのか、万博記念協会はそれができるのか？
・ブッシーパークは、どこまで積極的に事業を進められるのか？
・大使館にはどこまでサポートしてもらえるのか？

（3）3月27日

在英国日本国大使館で打ち合わせ　11時〜

メンバー：
K氏……一等書記官、
Y氏……一等書記官　広報文化センター、
福原、アンジェラ、辻井

Y氏から質疑：
ロイヤルパークはどこの組織、団体か？
政府？財団？
回答：
組織、団体については王立であるとの認識であまり良く把握していない。今日は状況説明で、詳細は次回。

［その他］
・K氏より：経費について、補助金は完成払いで、それまで自己資金で工事をしないといけない。
・過度の期待感を持たないように。
・完成度、完成後の維持管理ができるか。今までに作られた庭園で悪くなっているケースがあるとのこと。

質疑の後、設計内容について説明する。このような庭園ができたらすばらしいとの感触であった。
今後の日程については、自己資金が確実に集まってからでも良いのではないか、2008年申請、2009年工事、それまでに準備を進める、ということになった。
3月29日再度、ロイヤルパークと打ち合わせ、上記を説明し確認することとする。今後のことをお願いして打ち合わせを終わる。

(4) 3月28日
トラベルロッジを8時頃出発し、ウエールズボタニカルガーデンへ。12時30分に到着し、キュレーターのレイバット氏の出迎えを受ける。日本庭園でカメラマンによる撮影を行ない、日本庭園等を見学の後、昼食をいただく。

ウエールズボタニカルガーデンにて打ち合わせ　14時～
メンバー：
レイバット氏……キュレーター
福原、アンジェラ、辻井

設計内容について説明を行なう。設計内容については大変気に入っていただいた。予算の話になり、工事費が3000万円、設計監理が500万円、既存の他の日本庭園維持管理が500万円、総予算4000万円と伝えると、35万ポンド、日本円で6000万円の予算で、9月着工、来年の3月完成では、との提示を受ける。寄付金の都合により2週間後に決定の連絡をするとのことである。少し話が巧すぎて、心配である。
また、ディレクターのケビン氏と挨拶をする。
積極的に話を進めていただいているのでうれしい限りである。宿泊、夕食も出していただけるとのこと、ありがたい。ブッシーパーク、大使館との打ち合わせと状況が違い、その進め方に驚かされる。
今後の状況が楽しみである。

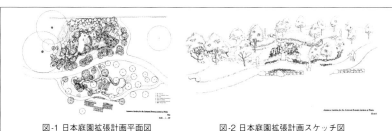

図-1 日本庭園拡張計画平面図　　　　　　図-2 日本庭園拡張計画スケッチ図

(5) 3月29日

ウエールズからロンドンに戻り、ブッシーパークにて打ち合わせを行なう。空港近くのトラベラーズロッジにマーク氏が迎えに来てくれる。

ブッシーパークの事務所にて打ち合わせ
10時〜
メンバー:
ケビン氏……ディレクター
福原、アンジェラ、辻井

最初、前回の打ち合わせ、プランについてブッシーパークからの説明がある。

・プランについて詳細な予算を出す必要がある。
・ブッシーパーク副理事コリン（Colin Butteay）氏は、ナショナルトラストの理事会メンバーでもあり、私のことをよく知っているとのことである。

日本の風景の庭のプランは、好評であり、2009年工事着工が有力となる大使館との打ち合わせ内容を説明する。

[その他]
・一昨日の質疑の回答として、「ロイヤルパークの所属は、文化メディアスポーツ省ロイヤルパークエージェンシー。王立公園の管理者マークは、ヘリテージのヘッドガーデナーである」との説明があった。
・ブッシーパークから、昨年の打ち合わせ費用と、今回の図面作成とプレゼンテーションの作成費、工事のための設計、施工監理の見積もりを作成して下さいとのこと。
・設計の保険は、イギリスでは工事費の10%程度とのことである。
・覚書を9月に交わす。
・見積もりを提出する。
・コストチェック、施工見積もりチェック、もろもろの打ち合わせを9月に行なう。
・辻井造園が、日本的な部分で石組み、石積み、植栽等で工事を行なうので、その費用を見てほしいことを告げる。工事業者からその費用を辻井造園に支払うようにし、そのために辻井造園から見積もりを出すこととする。

打ち合わせ終了後、現場を視察する。すでに計画植物が植栽されているが、どう見ても日本の風景庭園の植栽ではなかった。2009年の工事の際に、植え替えを行なうこととした。再度、島の状態、池の状態、植物の状態を見る。

【事業名】
　王立ブッシーパーク　日本風景庭園事業
　The Japanese Landscape Garden at the BUSHY PARK
日本側庭園工事
　石組工事（景石）
　石積工事（土留め）
園路工事（階段、飛石、たたき仕上げ）
概算工事費

工事内容		数量	金額（円）	備考
01. 石組工事	景石（据付手間のみ）	1.0式	300,000	
02. 石積工事	面積み（手間のみ）86.0m	1.0式	3,000,000	基礎等別
03. 園路工事	自然石階段（手間のみ）W2.5m	1.0式	600,000	基礎別
04. 園路工事	飛び石（手間のみ）26.0m	1.0式	400,000	
05. 園路工事	たたき仕上げ（手間のみ）94.5m2	1.0式	1,000,000	下地別
小計			5,300,000	
06. 木橋工事	本体（杉材）材料費のみ	1.0式	6,500,000	
07. 土橋工事	本体（杉材）材料費のみ	1.0式	6,000,000	
08. 藤棚工事	本体（杉材）材料費のみ	2.0基	3,800,000	190万×2
09. 石橋工事	本体（御影石）材料費のみ	1.0式	1,000,000	
小計			17,300,000	

工事費　　合計　　22,600,000円
諸経費　　合計　　未確定
総合計　　　　　　円（消費税5%別）

※特記事項
内容により別途諸経費（現地資材調査、資材調達、発注、諸手続等）が発生する場合があります。また、技術者の渡航費、滞在費、食費などが別途、発生いたします。
01 ～ 05
・施工手間の金額となっておりますので、資材（石材）及び副資材は、英国側にて支給願います。
・作業にかかわる道具、機械類が必要な場合は、英国側にて支給願います。
・現場内までの運搬、搬入、クレーン費等は含まれておりません。
06 ～ 09
・日本での製作材料費になります。工場にて加工、仮組みを行ないます。
（基礎、組立費及び輸送、搬入費は別途。）

4 - 現地調査、作業日報
（2007年9月4日～ 5日）

（1）9月3日
リバプールからロンドンに移動する。
キューガーデンの近くのキューガーデンブリッジに宿泊する。
近くの町へ買物に行く。夕食を前回も訪れたインド料理の店に出かける。以前の

スタッフが辞めており、前回の雰囲気ではなかった。少々残念である。

（2）9月4日
7時過ぎにマーク氏が迎えに来て、ケンジントンパークへ。専務理事に会い、大使館での打ち合わせ内容、設計、調査費用、日本側工事費概算について打ち合わせをする。調査設計費は30日以内に支払いを

してくれるとのこと。

メンバー:
大使館からＭ公使、Ｋ一等書記官、Ｙ一等書記官
ロイヤルパークからコリン氏（副理事）、レイ氏、マーク氏
福原、アンジェラ、小寺

大使館の方々との顔合わせと打ち合わせを行なう。

アンジェラさんを今回のプロジェクトのコーディネーターにすること、ロイヤルパーク、ブッシーパーク、日本風景庭園、日程について説明を行なう。

大使館から我々の熱意が理解され、協力をしていただける良い打ち合わせであった。

その後、ハイドパークのレストランで打ち合わせの成功を祝う食事をし、ホーランドパークの日本庭園を見学する。今年、日本から維持管理の業者が入っており美しくなっていた。

その後、マーク氏、アンジェラ、小寺、私で大使館近くの日本料理の「みやま」で食事をし、楽しい時間を過ごした。マークの車でホテルに戻る。

（3）9月5日

10時30分に、マーク氏がホテルに迎えに来る。ガーデンショップで買物をし、夕食を買い、ブッシーパークへ。パブで昼食後、ブッシーパークの現場で、残す樹木について概要調査を行なう。来年3月に、測量調査を行なうことを決める。

事務所に戻り、19時30分からのハンプ

トンコートパレスでの講演会の準備を行なう。

講演は、「イギリスでの日本庭園作庭について」というテーマで話をした。聴講人数は20人で、話の内容が理解されたのか、調子があまり良くなかったので、心もとない。

終了後、近くのパブで乾杯。

（4）9月9日

マンチェスター空港から出国し、帰国。

5 現況樹木調査
(2008年3月23日〜4月3日)

日程表

日 時	行 程	備 考
3/23	関西国際空港9:50発／ロンドン17:35着　JL0421 学生グループ 関西国際空港1:25発／バンコク5:15着 TG673 バンコク12:25発／ロンドン18:30着 TG916　（9/1発着）	The Kings Arms Hotel泊 福原・アンジェラ・辻井・松田・木村都・木村里社・ Lampton Guest House泊 奥・大瀬・淡路屋
24	ブッシーパークにてマーク氏と打ち合わせ 現況樹木調査作業	同上
25	現況樹木調査作業 福原・アンジェラHarlow Carrにて打ち合わせ 17:00キングス・クロス駅から出発　19:43ハロゲート着	同上 福原・アンジェラ Cairn Hotel泊
26	福原・アンジェラ　8:30からHarlow Carrにて打ち合わせ 16:45　ハロゲート出発　ロンドン19:11着	同上
27	現況樹木調査作業	同上
28	現況樹木調査作業 日本式水生植物園　キングストンにて打ち合わせ 木村さんグループ出国　ロンドン15:35発 JL0422	同上
29	RHS Garden,Wisley見学 10:00 RHS Garden,Wisleyにて ジム（Jim Gardiner）氏と打ち合わせ予定　庭園視察、見学	同上
30	Kew Garden　見学 庭園視察	同上
31	現況樹木調査作業及び作業グレグ氏と打ち合わせ {資金について}	同上
4/1	現況樹木調査作業報告 ブッシーパークと今後の設計作業日程等打ち合わせ レイ氏、コリン氏、グレグ氏も参加予定	同上
2	ロンドン16:35発　JL0422	
3	関西空港12:45着	

参加者
福原成雄……　大阪芸術大学環境デザイン学科
辻井博行……（株）辻井造園
アンジェラ・デービス
木村さんグループ　3名
　松田里美　木村都子　木村里社
学生（社会人含む）グループ　3名（男子1　女子2）
　奥　明洋……大阪芸術大学環境デザイン学科学生
　大瀬英子……大阪芸術大学大学院生　環境・建築領域
　淡路屋仁美……大阪府公園緑地協会

（1）3月23日　日本出国、英国入国

（2）3月24日

ブッシーパークの事務所にて打ち合わせ
10:00 ～
メンバー：
マーク氏、福原、アンジェラ、辻井

・マーク氏よりロイヤルパークの説明
　ブッシーパークは、ハンプトンコートの一部であった。
　八つの王立公園の中で二番目の大きさである。面積は450ha。
　1500年代、ヘンリー8世の時代に作られた。ディアパークと呼ばれ、300頭の野生の鹿が生息している。19世紀、ビクトリア時代にハンプトンコートとブッシーパークに分かれた。1880年代まで王族が使用していた。1989年、政府所有となり、建物と公園に分かれた。公園は政府の管理である。王立公園は、イギリス人のものである。自由に出入りができる。ブッシーパークには二つのウッドランドがある。1625年にウォーターハウス庭園が作られ、シャクナゲ、ツツジが植えられた。
・マーク氏の部署は4年前にでき、ヘリテージ宝くじによって庭園を修復し、60の工事に720万£をかけた。その内450万£が宝クジで、残りがロイヤルパークの予算である。
・イングリッシュヘリテージは、2004年に、三つのグループ、ロイヤルパークエージェンシー、野生保存グループ、フレンズブッシーパークと相談して15か年計画を作成した。
・野生保存グループは、日本の植物、鹿のこと、ブッシーパークについて知らない。鹿をペットとしてみている。三人のマネージャーがいる。
・マーク氏は2006年借景庭園を計画した。現場は雉の森の中、ウッドランドガーデンに計画された。アメリカの植物、日本の植物が植えられている。

（3）3月25日

ブッシーパークにて打ち合わせ　10時～
メンバー：
レイ氏、マーク氏
福原、アンジェラ、辻井

今回の作業について説明
　9月の万博記念協会に申請書提出のための調査で、図面の確認

支払いの内容について確認
　学生の支払いが20£で日当と考えており、領収書が必要と考えていなかった。我々の50£についても同様である。日当として考えていた。
　＊反省すべきこと
　　今回の費用内容の確認ができていなかった。
　　・学生の20£が日当ではなく、一日の経費であった。
　　・福原350£、辻井400£、交通費（飛行機900£）、宿泊費一人50£はブッシーパークが負担。
　　・アンジェラ通訳費として一日225£、宿泊費、交通費はブッシーパーク負担。

(4) 3月26日　測量
福原、アンジェラはハーローカーにて打ち合わせ。

(5) 3月27日　測量

(6) 3月28日　図面作成、測量、6時からキューガーデンで講演

(7) 3月29日　休養日

(8) 3月30日　休養日

(9) 3月31日　現況樹木調査

(10) 4月1日　ブッシーパークと今後の設計作業日程等打ち合わせ

ブッシーパークにて打ち合わせ　10時～
メンバー：
レイ氏、マーク氏
福原、アンジェラ

打ち合わせ内容
・ ロイヤルパーク全体の資金計画について状況説明
・ 3月～9月までに必要な準備
・ 万博記念協会に対する補助金申請に関して
・ 必要な設計書の作成
・ 工事業者の選定と見積書の作成
・ 福原・辻井・アンジェラに対する費用について
・ レートについて

ロイヤルパーク全体の資金計画について状況説明
　2008年のプロジェクト全体にかかる費用は4000万£で、現在45万£足りない。ブッシーパークのプロジェクトは悪い影響を与えている。日本風景の庭園は作りたいが、資金がない。

3月～9月までにすべき必要な準備内容
　[万博記念協会に対する補助金申請に関して]
　・万博記念協会に申請日程について、タットンパークの事例をふまえて説明する。
　・2008年の申請書を作成し9月に提出する。
　・2009年3月に内諾が下りれば、5月に詳しい図面と見積もり等を提出し、8月頃から工事にかかる。
　・2010年3月に完成し、4月に完成報告書を提出し、5月にオープニングパーティーを行なう。
　[必要な設計書の作成]
　・英国側の積算では、40万£の工事金額である。
　・設計管理費、アンジェラの費用を作成する。
　・工事金額の精度をあげる。コンストラクション費用、デザインコストを精査。
　・設計書類の作成はランドスケープの事務所に委託する必要がある。
　・工事は施工業者に委託する必要がある。
　・役所での設計者の日当は、200£～

300 £である。

[その他]
・依頼状の作成をお願いする。

打ち合わせの内容を総合すると、日本風景庭園は作りたいが、資金の予算がないということになる。今後できることとしては、まず8月までに資金予算し、万博に今年度申請書を提出すること。それが無理であれば、来年度に事業を伸ばすこと。それもできなければ、計画を断念するしかない。
問題は、マネージャーが決まっていないこと。マーク氏ではこのプロジェクトを進められないこと、ブッシーパークがあまりにも役所的であること。

(11) 4月2日

ブッシーパークにて打ち合わせ　10時〜
メンバー：
コリン氏、レイ氏、マーク氏
福原、アンジェラ

コリン氏に日本風景庭園のプロジェクトの内容について説明を行なった。
続いて、工事の日程や、万博の申請について説明をし、昨日の内容についてはレイ氏とマーク氏が説明を行なった。
副理事の対応は良好であった。

施工監理日程
第一回施工監理　2009年　夏　10日間
　基礎工事（造成、園路、池浚渫工事・池護岸工事等）に着手する。
　工事日程、内容の指示を行なう。
第二回施工監理　2009年　秋　10日間
　飛石工事・階段工事・橋工事・石橋工事・石組工事・藤棚工事等の施工監理を行なう。
　工事内容、工事日程の指示を行なう。
第三回施工監理　2010年　冬　10日間
　植栽工事（高木、低木、地被）の施工監理を行なう。
第四回施工監理　2010年　春　10日間
　仕上げ工事、報告書等の書類作成を行なう。
＊施工監理日数は40日程度を予定。

6 基本設計の結果

　現地調査から基本設計、概算見積算出、各種申請書類を作成、関係機関と実現のため調整を行なったが、ブッシーパークでの予算が付かず計画を断念した。

　実施図面、工事費、施工日程、補助金申請願、関係機関との調整を行ない、これから材料選定等を行なうという段階で中止が決定された。

　なんとも言い難い無念さであった。予算要望についてもなんらかの手段があったのではと歯がゆい思いをした。

　何度も味わったが、物事の流れが上手くいかなくなるのは突然である。

　事前になんとなく上手くいかない、おかしいと感じるが、今回はその危険性を感じることなく作業を進められたのである。

　未だに納得のできない仕事であった。

プレゼン資料

Japanese Landscape Garden for
BUSHY ROYAL PARK
Shakkei-style

26/3/2007

現況

- 現場は、流れに接する園路から抜け出て視界が開けた芝生の平坦地と、大きく茂った既存樹林に囲まれた池部分である。
- 池中央には大きな島状の出島と、大小の島が浮かび、形態が判らないほど既存樹が茂っている。池は周囲の樹林と溶け込んで来園者の目を楽しませている。
- 木製フェンスで囲われた園地の外には広々とした公園の芝生地が眺望できる。

池・島部分

園路と平坦部分

現況

出島・島の樹林

周囲の眺望

園内で楽しく語らう来園者

木製フェンスの囲い

AIMS

- To modify the wooded landscape centred on Triss's Pond and the islands into a `Shakkei` style of garden, making effective use of the Japanese techniques of `borrowing` the surrounding scenery.
- To create a garden that brings to life the existing scenery of woodlands, pond and islands; creating different levels in the topography to bring in the distant views of the park's woodlands and grassed areas with the close up views of the islands, the pond and woods on the opposite bank. Thus creating a garden style which is recreational and where the views can be enjoyed while strolling along the surrounding path.
- To present scenery which combines UK and Japanese landscapes.
- To plant a tree commemorating the birth of His Imperial Highness Prince Hisahito on 6th September 2006. This would be a *Sciadopitys verticillata*

SHAKKEI

- This is a very special technique of constructing the landscape utilising the garden location. The scenery is a combination of the distant, middle and close up views, and the whole is created to be viewed from every angle.

修学院離宮庭園

DESIGN INTERPRETATION

The near distance scenery is created in a graceful mountain style, with a wooden bridge crossing over to the island nearest the shore, to bring the mountain in close. A wooden bridge crosses to the island closest to the shore and the path from this bridge rises very gradually towards the centre of the island where there is a wisteria trellis. Along this path are low bushes clipped in the Japanese way. A stone bridge connects to the smaller island, at the centre of which is a `waiting area` (such a you would find by a tea house) enclosed by natural stones. This scenery is in the image of that found at Katsura Imperial Villa. The `waiting area`, together with the wisteria trellis and natural stone walling comprises the near distance scenery, the wooden bridge, compacted earth bridge and island, the middle distance scenery. The surrounding park land and scenery outside of the park too can be incorporated to give the distant scenery.

This is a type of Kaiyushiki (Stroll Around) Shakkei garden in which you can walk down from the wisteria trellis, cross over the compacted earth bridge and around the pond enjoying the view from all sides.

Garden Elements I

The mountain area is dotted with rocks in a landform configured in a natural way. Maples are the main trees, with a *Sciadopitys verticillata* as the commemorative tree, and bushes placed at appropriate places.

栗林公園

築山のモミジ

Garden Elements II

- On the main island there will be a path, stepping stones, and in the middle, an area from which to view, surrounded by a natural stone wall. The wisteria trellis will act as a shady rest area. Japanese maples, azaleas and ground cover will be incorporated to enliven the existing trees.

藤棚

GARDEN ELEMENTS III

- On the island there is a scene created by a low natural stone wall in the centre which adds dimension to the exposed natural rock base. A seat, where one can rest, will be placed within the stone walling, and maples and flowers planted around that area.
- The main point about the stone and compact earth bridges is that the surrounding views can be enjoyed while standing on them.

休憩所

土橋

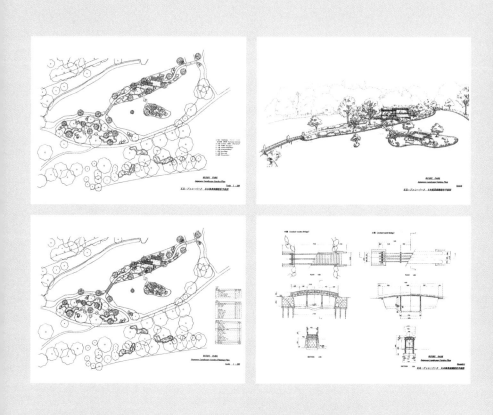

仕事は人々との出会いから始まります。

2. イギリス・ハーローカー日本庭園基本設計
Japanese Landscape for the RHS Garden Harlow Carr

2008(平成20)年3月26日、英国日本庭園協会会長グレアム氏から王立園芸協会ハーローカー内日本庭園作庭の依頼があり、打ち合わせ、現況調査を行なった。その後、2008年8月27日に基本設計、模型、設計説明図書を持参して打ち合わせを行なった。

1 - 設計意図

・既存の流れ、池、樹林地の風景要素を活用し、日本の自然風景をモチーフにした庭園技法である石組、植栽により日本風景庭園として整備を行なう。

・現況の谷間の地形、周囲の芝生広場、ボーダーガーデン等の庭園施設、事務所、売店、レストラン、管理棟、谷川の対岸樹林地等の様々な近景、中景、遠景の眺望を活かした憩いの庭園として整備を行なう。池庭は突発的な洪水に耐えられる貯水池の役割も果たす。

・イギリスの風景と日本の風景が一体となるように景観の演出を行なう。

・現況のなだらかな斜面地形を活かして、水の様々な風景の演出を行なう。

2 - 設計説明

現況の斜面地形を活かし、下池、中池、上池の三ヶ所の池庭を作り、水の流れも源流部分、上流部の流れ、中流部の水の流れと、それぞれに風景を演出する。

源流部は、地中から水が湧き出る様を見せ、植栽は高山植物を中心にして配植する。上流部は、高原の流れの様を見せ、草花を配植する。芝生広場が広がる中流部は、桃源郷をイメージし、桜の品種を適所に配植する。この高原の流れは既存の森林帯を抜けて滝となり、樹林に囲まれた浅い上池（蓮池）に流れこむ。上池の汀には水辺の草花が咲き乱れ、また池近くには東屋が設置される。東屋は憩いの場所であり、そこからは庭園植物、風景の鑑賞ができる。と同時に庭園の添景ともなっている。

上池から石橋の下を抜けた流れの先は、中池（菖蒲池）の花を楽しむ湿地帯である。湿地に架けられる八橋からは菖蒲を鑑賞できる。

さらに中池からの流れは、紅葉谷の急斜面を大小の滝から下池へと下っていく。紅葉谷には、水車小屋が配置され、水車の動きと、音を楽しむことができる。水車小屋から汲み上げられた水が、石樋に流れ、下池（鯉池）に流れ落ちる。

下池は、水深を深くして、魚、亀等の生き物が泳ぐ。水面には周囲の景色が写り込み、池の中央には木橋が架かる。この木橋は池の添景となると同時に、ここに立つと周囲のツツジ丘、紅葉谷の滝、藤棚……と眺望を楽しむことができる。

水の流れと植物の風景演出をテーマに、水の動きと音、植物の四季の彩りを楽しむ物語の庭を英国と日本の庭園技法により作庭する。

場所の名称	
桃源台 (桜園 cherry blossoms garden)	東屋 (arbor)
上池 (蓮池 lotus plant pond)	石橋 (stone bridge)
中池 (菖蒲池 Blue flag pond)	八橋 (zigzag bridge)
下池 (鯉池 carp pond)	デッキ (wood deck)
紅葉谷 (autumn colors valley)	傘亭 (umbrella waiting pavilion)
ツツジ丘 (刈込み azalea hill)	水車小屋 (mill)
施設名称	石樋 (stone conduit)
源流 (riverhead)	大滝 (waterfall)
中流 (stream)	木橋 (wooden bridge)
小滝 (waterfall)	藤棚-1 (wisteria trellis-1)
沢飛 (shore stepping)	藤棚-2 (wisteria trellis-2)
	州浜 (pebble beach)

プレゼン資料 ――

Japanese Landscape for the RHS Garden Harlow Carr

27/8/2008

Fukuhara Masao

設計意図

・既存の流れ、池、樹林地の風景要素を活用し、日本の自然風景をモチーフにした庭園技法である石組、植栽により日本風景庭園として整備を行なう。
・現況の谷間の地形、周囲の芝生広場、ボーダーガーデン等の庭園施設、事務所、売店、レストラン、管理等、谷川の対岸樹林地等の様々な近景、中景、遠景の眺望を活かした憩いの庭園として整備を行なう。突発的な洪水に耐えられる貯水池の役割も果たす。
・イギリスの風景と日本の風景が一体となるように景観の演出を行なう。
・現況のなだらかな斜面地形を活かして、水の様々な風景の演出を行なう。

Garden model 1

現況－1

現況－2

現況－3

現況－4

現況－5

設計説明

現況の斜面地形を活かし、下池、中池、上池の三ヶ所の池庭を作り、水の流れも源流部分、上流部の流れ、中流部の水の流れ、池の様々な風景を演出する。源流部は、地中から水が湧き出る様を見せ、植栽も高山植物を中心にして配植する。中流部は、高原の流れの様を見せ、草花を配植する。芝生広場が広がる中流部の高原は、桃源郷をイメージし、桜の品種を適所に配植する。高原の流れから既存の森林帯を抜けて滝を落とし、樹林に囲まれた浅い上池（蓮池）に流れ、池には水辺の草花が咲き乱れている。上池には、池に接して庭園植物、風景の鑑賞と休憩ができ、庭園の添景ともなる東屋が設置されている。上池から石橋の下を抜け、中池（菖蒲池）の花を楽しむ湿地帯である。湿地に架けられる八橋からは菖蒲を鑑賞できる。中池からの流れは、紅葉谷の急斜面を大小の滝から下池に下る。紅葉谷には、水車小屋が配置され、水車の動きと、音を楽しむことが出来る。水車小屋から汲み上げられた水が、石樋に流れ、下池（鯉池）に流れ落ちる。下池は、水深を深くして、魚、亀等の生き物が泳ぎ、水面に周囲の景色が写り込む、池の中央には木橋が架かり、池の添景と同時にここから周囲のツツジ丘、紅葉谷の滝、藤棚、眺望を楽しむことが出来る。水の流れと植物の風景演出をテーマに、水の動きと音、植物の四季の彩を楽しむ物語の庭を英国と日本の庭園技法により作庭する。

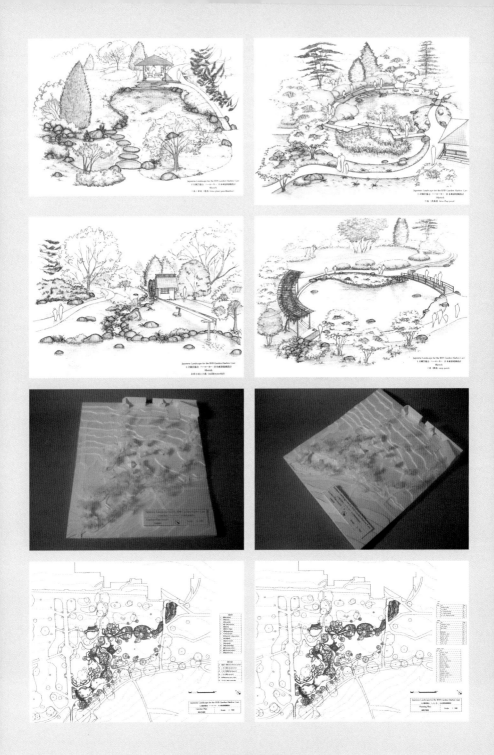

庭園施設イメージ写真

・滝

庭園施設イメージ写真

・流

庭園施設イメージ写真

・沢飛

庭園施設イメージ写真

・石橋

庭園施設イメージ写真

・八橋

庭園施設イメージ写真

・木橋

庭園施設イメージ写真

・傘亭

庭園施設イメージ写真

・藤棚

庭園施設イメージ写真

・植栽

3‐結果

日本庭園作庭のため園長と打ち合わせをし、現地調査を行なった。

その後帰国して、基本設計図書、模型を制作し、設計説明の資料を作成した。ハーローカー日本庭園の内容説明のためにイギリスに出かけたが、園長が急遽入院され、不在。事務所スタッフにプレゼンテーションを行ない、高評価を得た。しかし園長が代わられ、計画は中止された。

仕事は人の立場によって左右される。

3. イギリス・ブラックプール 恵まれない子供の施設日本庭園基本設計
Normoss Farm, Poult-Le-Fylde　Japanese Landscape Garden

2009（平成21）年2月18日〜 26日、初めてブラックプールを訪れた。恵まれない子供達を支援するために財団法人が立ち上げられ、子供達の施設の建設にともない、是非ともその中に日本庭園を作りたいとのことで呼ばれた。2009年5月4日〜 11日打ち合わせ、現地調査、基本設計打ち合わせ、材料調査、実施設計と順調に進んだが、造成工事直前、土壌環境調査が実施され、敷地の約1m掘削した部分から検査により有害工場廃棄物が検出された。残念ながら計画は中止され、今回はそのことについて紹介する。ちなみにブラックプールは港町のリゾート地で、映画「Shall We ダンス？」の舞台にもなっている。

宅地不動産開発をされている社長と事務所でお会いした。事務所のしつらいには日本に対する思いが現れていた。打ち合わせの後、自社で扱われた住宅開発を見学した。随所に日本的意匠を取り入れ作られているが、やはり、中国的意匠が混ざり、その奇抜さには違和感を感じた。

その後、今回の計画地を見学した。周りは農地で、計画敷地は現在自動車置き場と資材置き場になっており、入口部分にレンガ造りの建物が残され、それらの建物を活かした配置計画であった。

敷地西側より

敷地西側より

敷地南側より

敷地南西側より

敷地南西側より

敷地北側上空より

敷地西側上空より

敷地東側上空より

敷地南側上空より

敷地現況図

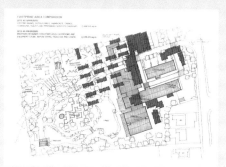
建築配置図

計画立面図

計画立面図

現況地形図

A案計画平面図

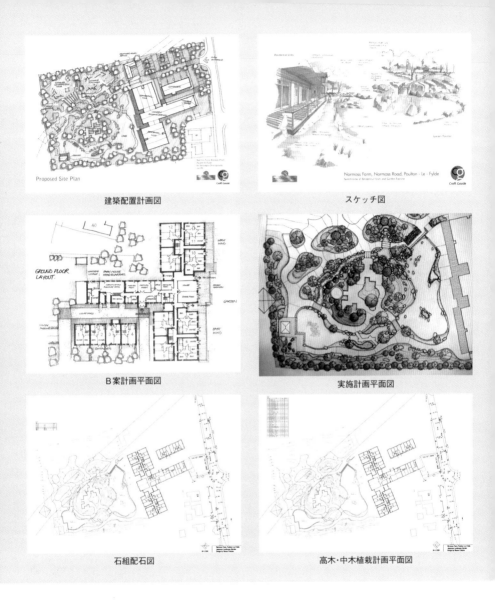

建築配置計画図

スケッチ図

B案計画平面図

実施計画平面図

石組配石図

高木・中木植栽計画平面図

1 -設計意図

　既存の地形を活かし、牧草地の風景要素を活用して、日本の自然風景をモチーフにした庭園技法である石組、植栽により水の流れをテーマに、子供から大人まで楽しめる日本風景庭園として整備を行なう。

　現況のなだらかな傾斜地形、周囲の住宅地、境界に接する樹林地等の様々な近景、中景、遠景の眺望を活かした憩いの庭

園として整備を行なう。突発的な洪水に耐えられる貯水池の役割も果たす。

- イギリスの風景と日本の風景が一体となるように景観の演出を行なう。
- 現況のなだらかな傾斜地形を活かして、水の様々な風景の演出を行なう。
- 建築施設からの眺望を考慮して庭園施設の配置を行なう。
- 庭園内にジャパニーズセンサリーガーデンを配置する。
- 子供の遊び場との整合性を考慮する。

2 - 設計説明

現況の斜面地形を活かし、上池、中池、下池の三ヶ所の池庭を作り、水の流れも大滝部分から、上池に流れる渓流の流れ、下池に流れる細流の水の流れ、様々な水風景を演出する。大滝部分は、山から水が流れ落ちる様を見せ、植栽も深山の景をイメージして配植する。渓流部は、紅葉谷の流れの様を見せ、モミジを多く配植する。紅葉谷の流れから小滝を落とし、建物と築山に囲まれた広い上池（鯉池）に流れ、紅葉谷の滝、藤棚、眺望を回遊しながら楽しむことができる。水は上池から木橋の下を抜けて、中池（菖蒲池）の花を楽しむ浅い池に流れる。中池に架けられる八橋からは菖蒲を鑑賞できる。中池からの流れは、下池（蓮池）に下る。下池は、池に接して庭園植物、風景の鑑賞と休憩が

でき、庭園の添景ともなる東屋が設置され、接して枯山水庭園が配置されている。もう一筋の流れは、緩やかな流れで、山から野の木々、草花が咲き乱れる流れを演出する。水車小屋が配置され、水車の動きと、音を楽しむことができる。

庭園中央部は、ジャパニーズセンサリーガーデンで、桃源郷をイメージし、桜の品種、食べられる実の成る樹木、香りのする木々を適所に配植し、日本の草花を触って楽しむことができる広場である。広場には、瞑想の館が配置され、静かに水音を聞くことができる。

水の流れと植物の風景演出をテーマに、水の動きと音、植物の四季の彩を楽しむ物語の庭を英国と日本の庭園技法により作庭する。

3 - 結果

造成工事直前、土壌環境調査が実施され、敷地の約1m削削した部分から検査により有害工場廃棄物が検出された。とても残念だが計画は中止された。

基本設計で大切なことは現場をどこまで知ることができるかである。そのためには何度も足を運ぶ必要がある。

海外の場合には、短い時間に現場を把握するために、歩きまわり全神経を集中しこの場所の未来の姿を思い描くことである。

物事がスムーズに行く時には細心の注意が必要である。

4. イタリア・ローマ日本文化会館日本庭園現況調査
The Japanese garden of the Japan Cultural Institute in Rome

はじめに

ローマ日本文化会館は1962年、日本政府初の海外における日本文化会館として設立され、現在、海外の中での国際交流基金の最も重要な拠点の一つとなっている。建物は吉田五十八、日本庭園は中島健によって設計された。吉田五十八は数寄屋造を得意とし、大磯の吉田茂邸や日本芸術院会館の設計で著名な建築家である。ローマ日本文化会館（以下、会館）はコンクリートの外壁による平安時代の寝殿造りを基調にした建築である。(1)

中島健（1914 〜 2000）は、花を多用した庭園を国内外で数多く設計した「花の造園家」として知られる。ローマ日本文化会館日本庭園（以下、本庭園）は、独立して5年目を迎えた中島健が海外で最初に作庭した日本庭園である。

本庭園の工事期間中に、まさに「花」のインスピレーションを得たと中島健自身が語っている。作庭のためにヨーロッパに行ったことがきっかけとなり、花を庭園に使ってみたいと思ったのである。(2) 中島は当時吉田茂元首相に見込まれ、自邸の庭園作庭を任されており、その時に本庭園設計、作庭の話が持ち上がり、引き受けたようである。(3)

本庭園の現況調査は、2016年12月にご子息である中島博久氏の推薦で、国際交流基金ローマ日本文化会館より筆者と、辻井博行（株式会社辻井造園代表取締役）に依頼がなされた。現地調査は、2017年1月と6月に、庭園資料収集、地割・庭園構成要素・中島健作庭の石組・視点場の確認、現況の修景に関する問題点の確認、現況測量、樹木・石材調査等を行なった。本稿では特に庭園の構成要素と視点場等の調査内容についての報告を行なう。

1 - 現況調査

(1) 現況調査の趣旨

①本庭園の価値、意義を向上させるための調査、検討を行なう。

②本格的日本庭園としての内容の充実、改善の提案を行なう。

③良好な庭園景観を観賞するビューポイント（視点場）の設定を検討する。

④ビューポイント（視点場）から、理想的庭園景観の維持を目的とした景観解析を行なう。

⑤本庭園の実測と平面図の作成

庭園平面図は、吉田五十八作品集(4) に掲載されている簡易な図面しかない。石組や植栽の配置がどうなっているか、竣工当時からどの程度変更があったか等を検討し、中島健が想い描いた理想の庭園の姿を見つけ出すため、また、現況の記録保存、今後の修景計画のために正確な現況平面図の作成を行なう。

（2）現況調査日程

2017年1月26日〜2月1日

第1回ローマ日本文化会館日本庭園現況調査

　本庭園ガイドツアーに関するワークショップに参加し、本庭園に関する資料収集、植栽に関する現況調査を行なった。

2017年6月14日〜6月20日

第2回ローマ日本文化会館日本庭園現況調査

　現況図作成のための三角測量、規格測量（石材、樹木等の位置関係確認）、今後の修景計画に必要な樹木植栽、石材のために樹木ナーサリーの見学、会館で使われた石材（ラディコファニ）調査を主目的に行ない、新たな植栽樹種検討のために大使公邸、ローマ大学付属植物園を訪問して樹木調査を行なった。

2 - ローマ日本文化会館日本庭園の概要

竣工年：1962年

規　模：1500㎡

様　式：池泉廻遊式（野筋、滝、池）

依頼主：ローマ日本文化会館

設計者：総合庭園研究所　中島　健

図-1　完成模型（会館所有）

（1）本庭園立地

　会館の敷地北側はアントニオ・グランシ通りを挟んでローマ大学建築学部と接している（写真-1,2）。文化会館境界には、フェンス、生垣が設けられ、サクラ、マツが配植されている。

写真-1　アントニオ・グランシ通り東側から日本文化会館

写真-2　北側日本文化会館入口

東側はローマ市の公園に接し、北側に
設けられたものと同じ生垣が続いてい
る。南側は崖になっており、崖下はベツ
レ・アルティ通りに接しておりヴィラ・
ジュリア国立博物館を中景に眺めること
ができる。さらに遠景にボルゲーゼ公園
の森を眺望でき、美しい景観に恵まれた
場所である（写真-3）。敷地北西側に会館
が建ち、建物の東側に斜面地を利用して
池泉回遊式庭園が作られている。会館入
口は北側道路からで（写真-4）、入口広場
に駐車場（写真-5）、北東側に池を配置し、
井戸水を引込みそこから水路で庭園に水
を流している。

写真-3　ローマ大学建築学部より眺める

写真-4　北側日本文化会館入口

写真-5　北側日本文化会館入口広場、駐車場

(2) 本庭園地割

　本庭園は北側会館水路からの流れを流
入口とし、会館に接して地形、方位を活か
して滝口を設け、南斜面に向かって6段
落ちの滝を築造している。滝に続く南斜
面は芝生野筋風にし、園路が北から池に
向かって下っている。

写真-6　北側から野筋、池庭、ヴィラ・ジュリア国
立博物館の樹林

3 庭園構成要素の検討

　本庭園は池泉回遊式庭園として紹介さ
れ、庭園の構成施設内容については、吉田
五十八、中島健も詳しく説明していな
かった。[1][6]
　また、ガーデンツアーでも日本庭園の
構成要素（岩、水、草木と花、橋、灯籠、松）
についての解説だけであった。今回の調

査で筆者らが明らかにした本庭園の庭園構成要素は、滝、池、巌、荒磯、礼拝石、船着き、州浜、出島、雪見灯籠、岬灯籠、沢渡、石橋、藤棚であり、庭園構成要素位置図を作成した（図-2）。以下本庭園の固有性について解説する。

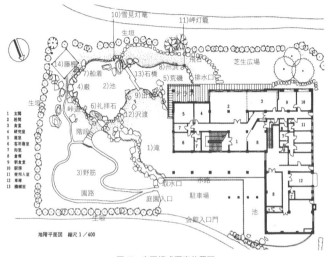

図-2　庭園構成要素位置図

1）滝

　滝は南向きの優美な姿で、日中の太陽光を受ける構成にしている。滝は6段、落差は各50cm前後で、池に接して滝幅を広くしている。滝の形態はS字型で、滝石組みは立石を使わずに伏石を多用し、落口の水落石も流れに合わせ巧みである。下段の左右の滝添石も見事で、左手の滝添石は鯉魚石（写真-8）を思わせ、龍門瀑を表しているとも考えられる。

写真-8　滝、1段目池落ち口の鯉魚石

写真-9　滝、2段目

写真-7　滝全景 庭園実測中

写真-10　3段目、4段目伝い落ちの滝

写真-11　滝、5段目の水落石（滑滝）、6段目

写真-12　滝上部、左手立石が遠山石である

写真-13　滝上部、会館北側からの流入口

2）池

　池の構成は会館東側南斜面下段に広がり、心字池風、瓢箪型で、会館地下のテラスを池に浮かせて、テラス前左手北側からの斜面を受け、先端に荒磯風石組で景色を作っている。対岸は緩やかなカーブを描いた州浜になっている。池中央には斜めに雁行型の薄い石橋を軽やかに架けている。橋から眺めると、雪見灯籠、巌、礼拝石が池に接して配置されている。

写真-14　会館2階テラスより東側池の姿

写真-15　会館2階テラスより池、州浜の姿

写真-16　池南側石橋から沢渡、礼拝石の姿

写真-17　池南側石橋から東側の巌の姿

写真-18　池東側から石橋、出島、会館の姿

3）野筋

　平安時代に書かれたと言われている『作庭記』中に、「野すぢをおくことは地形により、池の姿にしたがふべきなり」「片山乃きし、或野筋などをつくりいで」「山などたかからずして、野筋のすゑ池のみぎハなどに」等が記載され、本庭園も地形を活かした野筋の風景が表されている。

写真-19　野筋の姿

4）巌（いわお）

　『吾妻鏡』に、池中、あるいは、池の付近かと思われるところにではあるが、1192（建久3）年8月27日、僧静玄に巌石を積んで高い丘を作らせることにしたと記録がある。[5]　まさにこのような景色を表した石組が枯山水の原型であり、この庭園の巌はその記述を思い起こさせる。中島健は庭石を求め、ローマ近郊からフィレンツェまで探し求め、ようやくラディコファニの山上で見つけている。[6]　その場所もまさに巌の様な風景地であった（写真-21）。

写真-20　巌の石組

写真-21　ラディコファニ山上の石群

5）荒磯（あらいそ・ありそ）

　池際に波によって洗われた姿のように石を荒々しく配石して海の景色を表す手法で、飛鳥時代から作られている。[7]　本庭園では北側築山から優美な稜線を池に向かって下ろし、池際から建物側に低く立石を配石して見事な荒磯の石組みを行なっている。

写真-22　荒磯

6）礼拝石（らいはいせき・れいはいせき）

　拝石（はいせき）とも呼ばれる庭の役石（平石）である。蓬莱石、三尊石を礼拝する目的で据えられる。[7]　本庭園では周囲の景色を楽しむ様に庭の中心に配石されている。池に接し、魚に対する餌場にもなっている。

写真-23　礼拝石

写真-24　礼拝石

7）船着

　平安時代より船遊びを目的に池岸に作られるようになり、その後、池庭での遊びの景色として作られるようになった。[7]当初は茶室が配置される計画で、茶室に向かう船着きをイメージして配石されたと考えられる。

写真-25　船着き

写真-26　船着き

8）州浜（すはま）

　池の水辺に緩やかな勾配で砂利敷きされた護岸である。飛鳥、奈良時代より作られはじめ、[7]　池庭の重要な庭園構成要素である。会館建物の直線に対比して緩やかな曲線が軽やかさを感じさせるように作られていたが、池の護岸改修で直線的になっているのが残念である。

写真-27　州浜

写真-28　州浜

9) 出島（でじま）

　池に張出すように半島状に作られている。本庭園では荒磯石組との組合せで、お互いを際立たせる構成に作られている。ムゴパイン（Pinus mugo）が成長しすぎて出島の姿を見ることができなくなっている。

写真-29　出島

10) 雪見灯籠（ゆきみとうろう）

　笠に積もった雪を楽しむための呼称と

して、回遊式庭園の池岸に配置される。池に映る姿も美しい。江戸時代頃より盛んに作られるようになった。[7]

　本庭園の雪見灯籠は、庭園完成後、吉田五十八の強い希望で、本庭園建設の協力者である造園家の荒木芳邦氏に依頼し、寄贈され、当地に運ばれ設置された。[9]　非常にバランスのとれた美しい灯籠であるが、池の広さに対して大きすぎ、中島健は配置に相当苦労したと考えられる。当初、出島の先端に配置されていた岬灯籠が雪見灯籠との関係で現在の場所に移設されている。

写真-30　雪見灯籠

11) 岬灯籠（みさきとうろう）

　池岸岬の先端に水辺の添景として配置される。桂離宮の岬灯籠が最初に作られた本歌である。[7]　本庭園の出島先端に据えられていたが、現在は州浜と会館の間に移設され、その存在感を失っている。

写真-31　岬灯籠

12) 沢渡（さわわたり）

　池や流れ、滝口の狭く、浅いところで対岸に渡るために設置される。江戸時代頃より作られるようになった。[7]　実用を兼ねた庭の景色となる添景である。本庭園では、滝落口前に大小の平石を飛石、石橋風に配石した構成が軽快である。

写真-32　沢渡

写真-33　沢渡

13) 石橋（いしばし）

　自然石の橋、切石の橋があり、平安時代より用いられている。加工された石橋が設置されるようになったのは桃山時代からで、様々な姿の石橋が作られている。日本で現存する最古の石橋は天龍寺龍門瀑前の自然石の石橋である。[7]　短冊型の切石を雁行型にし、池に斜めにかけ渡した配置は空間に緊張感をもたせ、広がりと動きを与えている。

写真-34　石橋

14) 藤棚

　室町時代には、貴族が住吉詣、熊野詣を行ない、山の藤を楽しんでいた。大阪の藤の名所「野田の藤」では小船に乗ってノダフジ（Wisteria floribunda）の藤見を行なっている。[8]　当初は、この位置に茶室が作られる計画であったが、何らかの原因で藤棚に変えられている。結果、本庭園の藤棚は重要な添景で、視点場ともなった。

写真-35　藤棚

4 - 中島健の石組

　中島健は西芳寺庭園、大徳寺方丈、霊雲院、退蔵院、金地院、大仙院庭園の実測を行ない、「見ている場所で形や風景が変わる庭の作り方を見つけ、敷地をうまく活用し、自由に変化させて作ることを知った。岩組や石の配置が自然に表現できる

様になった。石の配置は、石の持っている
質感をバランスがとれるように据え、石
を見て、場所を見て、強さ、落ち着きを考
え、石はそれぞれ表情や性格、質量、形が
違い、そのような違った石をいかに組み
合わせられるか、それを扱う人の感覚に
よっても違い、人に教えられてできるも
のではない、理論的なものでもない、昔の
優れた人の考えを直接見に受けることが
大切で、非常に貴重な体験だった。」(2)と
述べている。

　会館の石組は、京都での実測で養った
中島健の感覚で組まれ、西芳寺の石組に
も似通っている。地形を生かした構成、石
の選定、配石、バランスは見事である。中
島健の石組みは、優しさと品位を感じさ
せるものである。

写真-36　西芳寺庭園の石組

写真-37　会館　中島健の石組

5 - 視点場の検討

　視点場の条件とは、庭園全景が見渡せ
る場所、庭園の中心となる場所、庭園景観
構成要素である池、滝石組、荒磯、巌、灯
籠、樹木等が一体として眺められる場所、
庭園景と周囲の風景が一体となっている
場所、庭園景と建物景とが調和した場所
であることだ。本庭園では下記の4箇所
の視点場を選定した（図-3）。

　視点場-1は、庭園景全体から庭園外の
風景が俯瞰できる。

　視点場-2は、本庭園の中心で、庭園景
を眺められる。

　視点場－3は、庭園景と建物景が仰視
できる。

　視点場-4は、庭園景と庭園外の風景が
仰視できる。

(1) 視点場－1

　視点場である北側野筋上部からは、俯
瞰して南に広がる池庭を中心とする日本
庭園景観と庭園外の典型的なイタリア、
ローマの風景との調和を楽しむことが
できる構成である。近景、中景、遠景と広
がりのある景色を味わうことができる。
ヴィラ・ジュリア国立博物館の屋根と遠
くボルゲーゼ公園の笠松がひとつながり
のように被さっている（写真-38）。

　ここでの問題は、池岸のムゴパイン
（Pinus mugo）の成長によって池の姿が
見えなくなっていることである。池及び
池前の広場が狭くなっているので移植
し、背の低いハイビャクシン（Juniperus
procumbens）に変えるべきであろう。
池周囲のオリーブ（Olea europaea）は

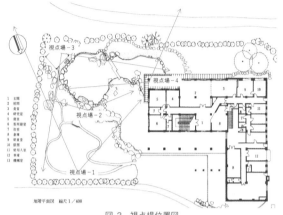

図-3　視点場位置図

切り戻しをし、半分ほどの高さまで下げることが望まれる。

写真-38　視点場-1

(2) 視点場 − 2

　視点場である礼拝石からは、左手の巌石組が池岸から東斜面の豪快な土留め石垣へと続き、滝石組に対峙する庭園の重要な景観ポイントになっている(写真-39)。景色は藤棚に上がる船着の石段、視点場-3となる藤棚を見上げ、そこから右に雪見灯籠を中心とする石組群を眺める。雪見灯籠は、橋とのバランスを考えて配置され、池に浮かぶように対岸へと渡る雁行型石橋は岬

を兼ねた出島に渡されている(写真-40)。出島に目を向けると景色は一転して、滝前の沢渡に繋がっている。ここでの問題点は、荒磯石組、出島の景色が樹木の成長で失われていることである(写真-41)。

写真-39　視点場-2

写真-40　視点場-2

写真-41　視点場-2

写真-44　視点場-3

(3) 視点場 – 3

　視点場である藤棚からは、池にむかって石段が作られ、池岸に船着きが作られている。右手前の立石から池に向かって巌石組で景色が作られている。また、左手には雪見灯籠を中心とした石組から池中央の石橋を望むことができる。池前方滝落口には左右に大石が組まれ、滝奥上部の遠山石を感じさせる立石を中心とする奥行きのある滝石組の構成を仰ぎ見ることができる。

写真-42　視点場-3

写真-43　視点場-3

(4) 視点場 – 4

　視点場である会館地下1階テラスからは、会館からの眺めを考えて、石組がされている。左手北側からの斜面を受け、先端には荒磯風石組で海の景色を作り、荒磯に続いて砂利敷きの出島が池に張り出し、出島からは雁行型の石橋を雪見灯籠に向かって対岸へと渡している。雪見灯籠周りの石組みも石橋からの眺めを重視して、灯籠の形態に合わせて組まれている。橋手前のムゴパイン（Pinus mugo）は、石橋の軽やかさを消しているので、背の低いハイビャクシン（Juniperus procumbens）への植え替えが望まれる。

写真-45　視点場-4

写真-46　視点場-4

6 会館日本庭園の現状と課題

(1) 古写真と現況比較

　写真－47,48は、完成後しばらくしての本庭園の状態である。直線的な建物に対して手前州浜の優美な曲線、対岸の北斜面から続く砂利敷きの出島、先端の岬灯籠、会館前には海の景色を表した荒磯石組、池に浮かぶような石橋、橋挟みの景色は軽快で美しい。さらに石橋奥の藤棚から東斜面の山の景色を表した豪快な石組は会館からの観賞を考えて、対峙しており、見事である。そして山に登るかのような小道が景色を雄大にしている。

　写真-49は、本庭園調査時の写真であるが、樹木が成長しすぎて、当初の庭園景観を失っていることがわかる。さらに、漏水による池改修工事によって州浜護岸が防水モルタルの上に砂利仕上げで直線的になり、州浜の美しさが失われている。このことは、日本庭園で成長する樹木をどのように考えるか、庭園施設の老朽化に対してどう補修するかといった維持管理の難しさを示している。海外で作られた日本庭園の多くが同様の状態になっている。

写真-47 完成当時の庭園(写真:日本文化会館より)

写真-48　完成から数年後の庭園風景
(写真:日本文化会館より)

写真-49 2017年の庭園風景

(2) 本庭園ガイドツアーについて

　2017年1月27日、筆者もガイドツアーに参加し、イタリアの見学者が庭園にまつわる日本文化紹介、本庭園の解説に熱心に耳をかたむけている姿に、イタリアの人々の日本文化、日本庭園に対する興味の大きさを知ることができた。一方で、各種情報から仕入れた日本庭園の姿と本

庭園を比較し、四季に応じた植栽樹種の少なさ、庭の規模の小ささ等に物足りなさを感じていることが分かった。

　本庭園見学は無料、申込制、ガイド付きグループツアー（30人程度）、時間制（30分程度）で通年公開を行なっている。年々庭園見学者が増加し、2016年は、4月〜10月までの7ヶ月で13,790人が訪れている。ガイドツアーでの説明内容は、

・会館と日本庭園についての概要（入口で）
・桜の木について（桜の木の下で）
・日本庭園について（池を渡る前に）
　自然の風景を再構築する考え、「禅」と枯山水、本庭園の池庭について、日本庭園の構成要素について（岩、水、草木と花、橋、灯籠、松等）。
・会館の建築について（橋を渡り灯籠前で）
・終わりに（藤棚の下で）
　藤の花、紫色について。

・5〜10分ほど自由写真撮影時間
・会館で行なわれるその他各種イベント紹介等

7 - 現況平面図の作成

　2017年6月17日、19日の2日間、会館職員、現地ボランティアの方々と会館建物、滝、流れ、池、石組、園路、石橋、樹木等の位置、形状、寸法等、三角測量で実測を行なった。帰国して三角測量図と、写真を基に現況平面図を作成しながら（図-4）、なぜこの場所に滝、池、出島、藤棚、荒磯、巌を配置したのか、そのデザインモチーフをどこに求めたのかを考え、さらに中島健が海外で最初に手掛け、10ヶ月間現地に滞在して、作庭した日本庭園に込めた想いを探っていった。

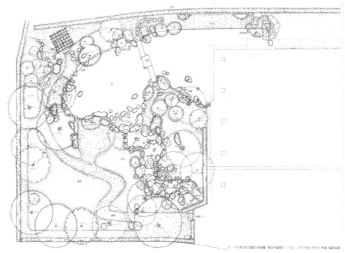

図-4 現況測量平面図

おわりに

中島健の作風は、自然を基本とした風情のある庭が特徴である。その土地の地形や風景を活かした庭園構成を考え、石や植物も気候風土にあった現地のものを使い、日本庭園に草花を採り入れた、風情ある花の扱いをする作庭家と知られている。庭園景に相応しい草花の採り入れ方は、特有の表現手法である。本庭園は草花を採り入れた風情に開眼した庭園ではあるが、京都での西芳寺庭園、大徳寺方丈庭園、大仙院庭園等の古庭園実測で学んだ伝統的庭園手法を駆使した庭園に仕上げている。滝、池の配置は建物、地形を巧みに利用し、会館建築と庭園が一体となるように配置されている。周囲の景観と調和した滝、沢渡、石橋、荒磯、護岸、巌石組等、見る場所で形や風景が変わり、無限の広がりを感じさせる庭園景観構成は見事である。樹木については当時日本風樹木が入手困難であったことから、当初の樹形を保ち、成長の遅い自然形の美しい樹種を選定基準に、オリーブ (Olea europaea)、サルスベリ (Lagerstroemia indica)、ゲッケイジュ (Laurus nobilis)、サッキ (Rhododendrom)、ムゴパイン (Pinus mugo)、トベラ (Pittosporum tobira)、オーストリアマツ (Pinus nigra)、フジ (Wisteria floribunda) 等を配植している。しかしながら作庭から56年が経過し、植えられた木々も大きく成長して、意図した美しい庭園景観を損ねている。

中島健が海外で最初に手掛け、心血を注いだローマ日本文化会館日本庭園の価値を維持し、向上させる必要がある。そのために、より多くのイタリア人に日本文化と日本庭園技術を伝えられる現地造園技術者の育成、現地造園技術者が容易に理解できる庭園維持管理マニュアル、庭園保存活用計画の作成が急務である。

故高須直美ローマ日本文化会館元館長との出会いがあり、日本庭園修景に対する熱意によって庭園調査、修景計画ができました。修景の完成を見ないままに亡くなられました。2020年5月には完成します。ご冥福をお祈りします。

補註および引用文献

(1) 吉田五十八「文化会館の建築について」『国際文化』国際文化振興会,1973年 103,p.5

(2) 鈴木誠・出来正典「上原敬二受賞者に聞く 中島健先生」『ランドスケープ研究』 日本造園学会,1999年,pp.388-391

(3) 高須奈緒美「ローマ日本文化会館の庭をめぐる、ある妄想」「花という異文化体験」『イタリア図書』イタリア書房,2017年,54,pp.2-9 55,pp.22-26

(4)「日本文化会館 ローマ 1962」『吉田五十八作品集』新建築社、1980年、pp.168-173

(5) 外村中「『作庭記』にいう枯山水の源流」『造園雑誌』56(1):1992年,pp.1-14,

(6) 中島健「海外で作る庭 −その苦心のほど-」『庭(特集 - 外国の中の日本庭園、ガレージと庭、のべだんのすべて)』建築資料研究社,1972年,pp.174-178 (7) 小野健吉『岩波日本庭園辞典』岩波書店,2004年 p.12,p.308,p.262,p.162,p.302,p.282,p.117,p.24

(8) 飛田範夫『大阪の庭園』京都大学学術出版会,2012年,pp.291-295

(9) 松永文夫「ローマの猫 (4) 日本文化会館の成立と日本文化政策−続き−」『イタリア図書』イタリア書房,2013年,pp.26-30

chapter 2

調査、設計、施工監理 「風景を生かす」

1. トルコ・エスキシェヒル市日本庭園
Eskişehir Metropolitan Municipality Japanese Garden

2009年6月初旬に、日本トルコ民間交流協会の石本寛治会長が、日本文化紹介事業の打ち合わせのため、首都アンカラの近くのエスキシェヒル（Eskişehir）市を訪問。同市のユルマズ・ブユケルシェン（Yılmaz Büyükerşen）市長と面談し、市長は「2010年トルコにおける日本年」の記念に、同市内の公園の一角に「日本とトルコの友好の日本庭園」(仮称)を2009年の秋に建設することを決定した。その後、2009年8月6日から9日間、市長・区長・市会議員（弁護士）、公園責任者の4名が日本庭園調査のため訪日した。

市長は非常に親日的な方で、市長に就任する前は、市のアナドール大学の学長を勤め、同大学をトルコでも有数の大学に発展させた。また学長時代（1980年代）には、日本庭園に魅せられ、日本訪問で得た知識により大学構内にトルコの人々の手による日本庭園を築造した。

日本トルコ民間交流協会（以下交流協会）は、1993年に設立され、以来、今日までトルコと日本との草の根交流が行なわれている。

交流協会が日本庭園建設のため様々な準備を行なう中で、拙書の『日本庭園を世界で作る』(学芸出版社刊)を読まれ、作庭に関する様々な相談の連絡があった。その後、市長にお会いしたことからトルコ・エスキシェヒル市日本庭園計画が始まることとなった。

1 - エスキシェヒル市の概要

エスキシェヒル市は、イスタンブールの南東350km、アンカラの西250kmの場所に位置し、海面からの高度が790mで周囲を山に囲まれた山間都市である。人口は2008年の調査では60万人弱であった。元アナドール大学学長で、現市長のユルマズ・ブユケルシェン氏の情熱により、市中心部を流れるポルスク川を、アムステルダムをモデルにして市民の憩いの場となるように美しく河川整備した。市内の要所にモニュメントを設置し、主要道路にLRT（次世代型路面電車）を走らせ、さらに、都市中心部に人工の海浜プールを併設したケントパーク、近郊に子供のための城と動物公園チルチルパークを建設するなど、トルコで最も注目され魅力ある都市となっている。

2 - 日本庭園作庭の現地調査
(2009年9月9日〜11日)

(1) イスタンブール市日本庭園

イスタンブール市と姉妹都市である山口県下関市が2003年11月に「姉妹都市三十周年記念」で作庭した庭園を見学した。枯山水・池庭・露地で構成され、催し物のできる茶室や四阿、木橋、周囲をぐるりと囲む築地塀等を配置した池泉回遊式庭

園である。庭を管理しているガードマンからも維持監理の話を聞いた。　（写真-1）

写真-1　池庭、四阿

（2）エスキシェヒル市調査（9月10日）

　ホテルの窓からの眺めるエスキシェヒル市は、小高い丘に囲まれた盆地に町が作られ、緑の多さに驚かされる。（写真-2）

　宿泊施設の周りには、マツを主にした針葉樹とリンゴ、アンズ、オリーブ、ブドウが多く植栽されていた。

写真-2　エスキシェヒル市迎賓館周辺

　日本庭園計画予定地は、既存の公園内に設けるのではなく、チルチルパークに接する広大な敷地の一角で、私の考えていた場所と同じであった。　（写真-3）

写真-3　チルチルパーク

　市所有の植物圃場は見事で、圃場内の石もコケがのりやすい赤っぽい砂岩であった。　（写真-4、5）

写真-4　市所有の植物圃場

写真-5　石材調査

（3）今後の日程

　早急に造成図面を作成、送付し、11月の終わりから12月の中頃に一週間の予定で石組、植栽計画図面を持参して施工打ち合わせ、石、植物の選定を行なうこと

とした。そして2010年2月から3月頃に石組工事、4月から5月に植栽工事、仕上げ工事、6月に開園式を行なう。

9月10日の調査では、ケントパーク、チルチルパーク、日本庭園計画地、市の圃場、周囲の山々に転がる石材等を市造園局長運転の三菱ランドクルーザーで見て回った。 （写真-6）

写真-6　ケントパーク

周りの状況、周囲の景観から簡単なイメージスケッチを作成し、現場で打ち合わせを行なった。 （図-1）

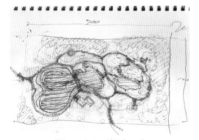
図-1　イメージスケッチ

その後、市長が作られたアナドール大学内の日本庭園を見学した。 （写真-7）

写真-7　アナドール大学日本庭園

その晩は、市圃場の中に在るグリーンハウス（職員食堂）での賑やかな夕食会であった。市議会議員、区長、キューバ大使館職員、みなが夫婦同伴で、言葉が違っても、もてなしの心は違わなかった。

（4）トルコに思う

イスタンブールまでは4時間、道路工事の多い山道を時には時速150Kmで飛ばし到着。イスタンブールは、奈良女子大学名誉教授・近藤公夫氏と仲間で訪れたことがあり、覚えているのは、トプカプ宮殿、バザール、ベリーダンスで、まさか仕事で訪れる日が来るとは思いもしていなかった。トルコでは日本庭園文化、技術を自国の造園に取り入れたいと熱望されていたが、日本の造園家が力の限りを尽くして作庭されたモダンな枯山水庭園はどう見ても日本庭園と感じる事ができなかった。造園家には、自然を基本にした日本庭園美を表現することが求められているのだ。

3 -設計作業

（1）設計意図
①「2010年トルコにおける日本年」を記念

し、日本とトルコの友好を深め、世界平和の願いを込めて、日本トルコ民間交流協会とエスキシェヒル市が協力して市郊外の公園一角に面積2haの日本庭園を作る。

②エスキシェヒル市日本庭園は、全体構成を池泉回遊式と呼ばれる様式とし、自然風景をモチーフにした築山、滝、流れ、池を日本庭園の伝統的な縮景技法で作り、国内外の多くの人々が庭園の景色を眺め楽しめる様にする。

③庭園の適所に、枯山水、露地庭を設けて、日本の歴史から生み出された庭園の様式美を鑑賞できる様にする。

④1890年、和歌山県串本沖でトルコ軍艦エルトゥールル号が遭難、2010年は、日本の人々が救助して120年目で、日本とトルコの有効を深める記念の年であることから、庭園景に紀伊大島の風景を取入れることとした。 （写真-8、9）

写真-8　トルコ記念館串本町（1974年設立）

写真-9　紀伊大島

（2）空間構成

①敷地北側から西側に接する部分は住宅が建ち並び、車の走る音や生活音が聞こえてくる。そこで住宅地が見えないよう庭園内の敷地境界部に高さ約2～約7mの築山を造成し、北西の奥まった築山に落差3mの大滝を設けて深山幽谷の景色を作ることにした。滝からの流れが滝壺に落ち、流れはそこから分かれて、一筋は渓谷の中を急流となり、もう一筋はゆるやかな流れで水性植物が咲き乱れる湿地帯に流れ下る。異なる流れの表情を作るのである。

②中流で二筋の流が合流し、穏やかな流れとなって池に流れ込む。池は小さな上池と大きな下池に分かれ、間に木橋を架けることにより周囲の雄大な庭園景観を眺める事ができるようにする。

③下池では、岬を表す半島が池に伸びて海を表す。また池の南西部では張り出したところに休憩舎を設けている。休憩舎は池の周囲からの眺めの主景となり、対岸の桜山、木橋を眺めて楽しめる場所となっている。

④建築物及び庭の構造物は、南側に主となる入口門（冠木門）、門を入ると管理事務所、右手の小さな庭門を入って茶庭（露地）、茶室（四畳半）、広間（八畳）を配置する。

⑤広間では、日本の庭園文化で育まれたお茶、お花、書道、絵を楽しむことができ、眼下には池の庭の眺めが広がるようにする。

⑥広間から北に登ると座禅台があり、山裾に広がる枯山水の景色が眺望でき、

瞑想できるようにする。

⑦植栽は、敷地周辺部に常緑、流れ池周りに落葉樹を配植し、日本の植物を可能な限り集め、四季の移り変わりを花木、香木で感じることができるようにする。

⑧南西側の築山には桜を集めて桜山とし、西側中央の築山はマツを主に配植して松林とする。

⑨北側築山には花木を集め、四季の移り変わりを楽しめる様にする。　　（図-2）

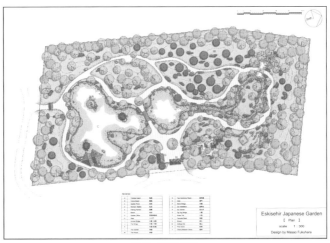

図-2　計画平面図

4 - 実施設計・造成指示
（2009年10月27日～11月4日）

（1）実施設計打ち合わせ（10月28日）

日本庭園建設現場は地形の造成がある程度できていたが、イメージ通りの造成はできていなかった。山がのっぺりとしていてメリハリがない。メジャー、杭、石灰等を用意してもらい、造成の形を指示することにした。

市役所に戻り、市長、担当者に設計意図、設計内容を説明し打ち合わせを行なった。

来年6月のオープンに合わせてどこまで工事をするのか、建築工事の図面を誰がするのか、不明確な点が多いのが気になったが、市長にお会いして図面の了解を得ることができ一安心した。

（写真-10）

写真-10　市長に計画説明

(2) 建国記念日（10月29日）

　祝賀祭に招かれて観覧席から見学をさせていただき、国を大切に思う心に感動した。その後、ムスタファ公園局長と二人で石材、遺跡見学に出発した。石材に関しては、建築用材の広大な石切り場だが、石は石灰岩質で、庭石として充分に使える物だったので一安心。後日、大きな石だけ選定することにした。その後、紀元前のヤズルカヤ遺跡を巡った。石と緑の独特な風景の中に、特に目立つ巨大な石を加工して住居や石碑を作り上げていた。言葉の全く通じない二人だったが、心は通じ、身振り手振りで半日を楽しく過ごした。

　いい庭ができる条件が二つ揃った。「気の合う現場責任者」と「庭石」だ。

（写真-11、12）

写真-11　建国記念日（トルコ共和国宣言の日）

写真-12　ヤズルカヤ　B.C.9世紀頃の遺跡

(3) 造成工事（10月30日）

　ムスタファ公園局長と市役所に行き、女性3人と現場へ出発した。ムスタファ局長の部下は5人が女性で、男性は一人だけであった。

　位置出しをしてびっくりした。いい加減で、高さもでたらめであった。始めはテープ測量で位置出しをしていたが、途中からは測量機械を持ってきて位置出しを始めた。

（写真-13）

写真-13　造成工事　庭園施設位置出し

(4) イメージスケッチ（10月31日）

　現場での位置出しの作業だが、適当な造成をどう修正すればいいのか悩んだ。築山の高さ、形だが、とにかく建物、滝、流れ、池、園路、築山トップ等の位置出しをして、石灰でラインを描き高さ、形を決定することにした。滝、築山のイメージスケッチを描き、担当者に説明した。

（図-3、4）

　建物、橋等の構造物の位置出しによって、庭の雰囲気が出てきた。流れの位置出しを行ない、徐々に形が見えてきた。

（写真-14）

図-3　イメージスケッチ

図-4　イメージスケッチ

写真-14　造成工事指示　位置出し

(5) 石材・樹木選定（11月2日～3日）

　2日はムスタファ公園局長、コライ氏と3名で先日見学した採石場へ5トン～10トン級20石の選定に出かけた。広大な敷地に置かれた石の中から滝、流れに据え付ける石組をイメージしながらの選定は時間を忘れるほど楽しいものである。

（写真-15）

写真-15　主要な石材（20石）選定

　3日は朝から雨で、エスキシェヒルの街が霞んでいる。夜には雪に変わるかもしれないとのこと。秋を通り越して冬の気配だ。午後から会長夫妻、市職員のコライ氏と市の圃場へ行き、樹木調査をした。雨で苗場がぬかるんでおり、コライ氏と二人で使えそうな樹木を広い苗圃を回りリストアップをしていった。樹木もなんとかなりそうだ。

（写真-16）

写真-16　市圃場で樹木選定

(6) ブルサ植物園 (11月4日)

　イスタンブールに向かう途中でトルコ人が設計、施工したブルサ植物園内日本庭園を見学した。残念だが石組、建築等は中国的で、日本庭園と呼べる姿ではなかった。　　　　　　　　　　(写真-17)

写真-17　ブルサ植物園内日本庭園

(7) 帰国

　トルコでの天候は、秋から冬へと一変し、秋の装いを楽しむ間もなかった。

　帰国し、日本の車窓から眺める景色は、深まり行く豊かな秋の気配を感じさせてくれる。四季の移り変わりの豊かさから育んだ庭園文化と技術を世界の人々に伝えたい。エスキシェヒル市日本庭園をそこに訪れるトルコ人と日本人が誇りに思えるような庭園にしたいとますます思った。

5 施工監理－1
（2010年3月30日～4月6日）

(1) 施工打ち合わせ (4月1日)

　午前10時にエスキシェヒル市に到着、市役所へ。関係者と図面と明日からの工事段取りの打ち合わせを行なった。

　現場は、荒造成ができていたが、滝の石組ができるような状態ではなく、とにかく明日から石組ができる様に滝の掘り方から指示をして、防水処理についてはエスキシェヒル市に任せた。　　(写真-18)

写真-18　滝造成工事

(2) 滝石組 (4月2日)

　午前中に石が一石据わった。石の運搬は巨大なフォークリフトで、石の据え付けは40トンクレーン、掘削は、大型と小型のユンボ、なんとも大掛かりな仕事だ。防水の方法、石組の仕方が違いすぎて、話し合いばかりで時間が過ぎる。そもそも石組自体をした事がなく、始めは大変だったが、徐々に石の吊り方、据え方が理解され、進み出し、なんとか昼から四石据えた。　　　　　　　　　(写真-19、20)

写真-19　滝造成工事について協議

写真-20　滝石組工事施工監理

写真-22　滝石組工事施工監理

(3) 滝石組（4月3日）

　この日のスタッフはクレーンのオペレーション、ワイヤー掛けが2名、ユンボ担当者、石材運搬担当者等と昨日より人数が10人前後から5人に減った。しかし、やり方が徐々に分かり、据え付けのペースが早くなった。大きな石のほとんどを据え付け、滝の全容が姿を表した。

　運ばれた石を見ながら、どの場所にどの様な姿で据え付けたら良いのか、石と石のつながり、相性はどうか、全体のバランスを考えながらあらゆる角度から見て据え付けていく。必死に石と向き合う時間で、この時間が最高に幸せだ。

（写真-21、22）

(4) 蓬莱山（4月4日）

　昨日、滝石組がほぼ完了した。引き続き滝上部、周辺部の石組を行なった。滝一体の築山を蓬莱山に見立て、蓬莱山から流れ出た命の水が滝を落ち、流れ下り、平和と幸せの願いを込めた大海を作る物語である。選定した7トン級の石が全て無くなり、現場での息もピッタリと合い、気持ち良く石組ができた。

(5) 枯山水（4月5日）

　夢で鶴亀蓬莱の庭を見た。午前中造成を行ない、午後から石の据え付けをした。今日終了できなければ明日の午前中にも行なう事を考えていたが、クレーンのレンタルが今日で終わりとの事。夢のおかげで枯山水のイメージはできていたが、石がイメージと違い、結局は納得できる石組にはならなかった。（写真-23）

写真-21　滝石組工事施工監理

写真-23　枯山水石組

(6) 樹木選定（4月6日）

　午前中はエスキシェヒル市苗圃で樹木を選定した。エスキシェヒル市の要望により、今月末から1週間、樹木の配植と石組を行なうために現場に来る事を決めた。　（写真-24）

写真-24　植栽樹木配植指示

　昨年の9月に現場を見てから8ヶ月、図面作成から造成、滝の石組を行ない、7月初めには何とか想い通りの庭園が完成できそうだ。

6 施工監理-2
（2010年4月24日～5月1日）

(1) 植栽工事（4月28日）

　滝周りの植栽工事を行なった。流れ、池の防水工事はなかなか進まないが、今日で滝周りの植栽工事はほぼ終り、花木の山もリンゴの木を配植し、枯山水の捨石を4石据え付けた。明日は枯山水部分の植栽をする。　（写真-25）

写真-25　滝周りの植栽工事

(2) 流れ石組工事（4月29日）

　枯山水の植栽工事がほぼ完了した。

　流れの防水シート工事はどうなったのかと尋ねると、先に流れの石組をして、後で防水工事を行なう事にしたそうだ。したがって明日、流れの石組を行なう。何を考えているのか、そもそも日本と工事の仕方が違うのか、とにかくできる限りの事をして帰りたいと思う。あと2日しかない。　（写真-26）

写真-26　流れ石組工事

7 施工監理-3
（2010年6月26日～7月6日）

(1) 防水工事（6月26日）

　現場では市職員のほぼ全員が働いており、本当にありがたいことに出迎えの歓迎をしてくれた。早速、工事状況、仕上り状況を確認したが、やはり、上手くできていない。池は防水シートがまだ完全にできていない状態で、流れも土留めができていない。石も据え付けができていないし、流れの仕上げもまだで、明日からの6日間で何処まで完成度の高い状態に持っていけるかはなはだ疑問である。

　さらに、入口の門、池岸の景観ポイントである休憩舎がエスキシェヒル市側で設

計され、すでに工事が行なわれていたが、こちらもイメージが違い残念。しかし、ここから最善の努力をして開園式を迎えられるようにしたいと考える。　（写真-27）

写真-27　池防水工事

　4時頃から突然の雷雨で工事がストップし、ホテルに引き上げてきたが、聞くところによると、いつも午後から雷雨で工事が遅れているようだ。明日からは流れの石組の据え直し、小滝石組、流れ護岸石組の土留、各橋の橋挟石組、池護岸石組、池周りの植栽等を行なう。

（2）流水テスト（6月28日）

　ムスタファ局長が現場で指示を出していた。池周りの捨石と橋挟みを据え付け、入口のメイン樹木、高木を配植し、午前の作業を終えた。午後からはグリーンハウスと呼ばれている市役所の圃場で樹木を選定し、その後は現場へ戻り流れの砂利撒き、小滝の配石を行なった。滝からの流水テストが始まり、滝、流れの流水状況を確認し、問題箇所の処理方法について指示を出した。滝の流水には感動し、流れの水も動きと音で、荒さを消してくれた。
　　　　　　　　　　　　　　　（写真-28）

写真-28　滝流水テスト

　低木、地被植物の植え付けが同じ種類でグルーピングされ植えられて不自然なので、数種類の低木、地被植物を混ぜて植えるように指示をした。
　明日は、流れから池の落ち口に大きめの石を2石据え付け、池周りの中木、低木、地被、草花を植え付け、滝の落ち口に水分石、捨石を配石し、流れの配石を行ない完成だ。
　　　　　　　　　　　　　　　（写真-29）

写真-29　池周り石組工事

（3）大きな問題　（6月30日）

　現場では予定していた工事が順調に進んでいる。工事スタッフも50人以上はいると思われる。とにかく開園式に向けて一丸となって仕事をしている。開園式まで残り4日、今日も現場では流れの仕上げ、地被植物、草花の植え付け、池護岸の仕上げ、休憩舎工事で多くの人が動き

回っていた。局長も毎日現場で指示を出している。見学者も増えてきた。市長も視察に来られ賑やかだ。　　　　　（写真-30）

写真-30　休憩舎工事

　滝から水を流して池に水を溜めているが、ここで大きな問題が発生した。滝の水が途中から外に漏れ出てきた。さらに、滝壺の水も漏れて、流れの水が減っていた。滝の石組をする時に躯体の図面を作成して防水工事の必要性を説明したのだが、大丈夫と言われ、造成工事をし、直接石組をした。流れは途中からコンクリート躯体で、池は防水シートで工事が行なわれたが、滝については流水部分だけが後からコンクリートで作られていた。流水のテストをして安心していたが、2日で問題が明らかになった。今日1日修復作業をしていたが、まだまだ安心できない。今までの経験上どれだけ水が怖いか、どこで漏れているかわからない事で、どれだけ私が泣かされてきたかを話し、内側にプールを作り、グラスファイバーでカバーをするように指示した。

（4）海洋風景（7月1日〜 2日）
　サブ入口前の高木植栽をし、2石を据え付けた。当初、池の中に和歌山県串本の

海岸風景を巨石で表現しようと考えていたが、既に防水シートが敷かれ、諦めかけていたところ、池護岸部分の仕上げを砂利敷きで行なっているのを見て、岬の州浜部分に小振りの石を運んで表現することにした。　　　　　　（写真-31、32）

写真-31　池仕上げ工事

写真-32　池仕上げ工事

（5）休憩舎（7月3日）
　滝壺の水漏れ防水工事、休憩舎工事、入口門工事、園路工事、池護岸工事、園路舗装工事、開園式準備工事等を行なった。昨日も市長が視察に来られたが、私が休憩舎の塗装の色が目立ちすぎていることを非常に残念だと話していたことが伝わり、塗り直しをすると言ってこられた。

（6）雪見灯籠（7月4日）
　19時まで現場で作業をしていた。滝壺は結局水が止まらず、応急処置をして埋

め戻しをした。流れの要所の石組を直し、休憩舎周りの捨石を据え、午後からは、巨大な雪見灯籠が据えられた。その大きさにはただただ驚かされた。休憩舎の色で驚かされ、今日は巨大なコンクリート製雪見灯籠に驚かされるのだった。はじめはエスキシェヒル市に日本から運ばれた灯籠があったのかと思いきや、市長が灯籠をわざわざ作らせたそうだ。高さが3mの雪見灯籠である。初めは入口の門付近への据え付けを考えたが、現物を見て庭園景を壊しそうなので、急遽庭園から目立たない、裏口部分に据え付けを指示した。　　　　　　　　　　（写真-33）

写真-33　雪見灯籠設置工事

　トルコ側で設計されたメインゲートの門が取り付けられたが、また驚かされた。どうやら感覚が違うようだ。大きすぎて庭園とのバランスがとれていない。　　（写真-34）

写真-34　入口門工事

　朝から滝と滝壺の防水を仕上げ、夕方からは水を流して漏れないかテストをしていたが、滝部分は何とか止まったようだが、滝壺からはまだ水が漏れていた。局長と10人以上の作業員が残って作業を続けている。現場は作業スタッフが19時まで作業をし、最後まで園路周辺、流れの要所に捨石の配石指示をした私の思いを聞いてくれた。

8 - 開園式（7月5日）

　午後6時30分から開園式が始まる。午前中現場で再度植栽、修景確認等の指示をしてホテルに戻った。外は雷と風で嵐の様相で準備をしている現場が心配であったが、開園式が行なわれる頃には太陽が顔を出し、青空も広がった。神懸かっている。市長から記念のプレートをいただき、テープカットをさせていただいた。多くの日本人参加者、エスキシェヒル市関係者、現場関係者、市民が参加して賑やかな素晴らしい開園式になった。　　（写真-35）

写真-35　開園式

　日本庭園を通して多くの人と出会い、開園式を迎えられた。関係者の喜んでいる笑顔に囲まれ、参加されたエスキシェヒル市民、日本の方々にも喜んでいただき、

様々な苦労が一瞬にして喜びに変わる。
海外で作庭する素晴らしさを、喜びを、
造園を学ぶ多くの学生にぜひ伝えたい。
（写真-36 〜 43）

写真-36　滝完成

写真-37　流れ完成-1

写真-38　流れ完成-2

写真-39　池完成

写真-40　八橋完成

写真-41　築山完成

写真-42　園路完成

写真-43　休憩舎完成

おわりに（7月6日）

朝の8時45分にホテルに迎えが来て市役所市長室へ。庭園内に置く胸像を作るので制作工場行くようにとのことだった。昨日の式典でも話されていた事だったが、その際にも辞退していたにもかかわらず、なぜか事が進んでいく。

街外れの工場では市に置かれているモニュメント等の制作が行なわれており、その中に市長直属のスタジオがあった。市長自ら、私の胸像をスタッフと共に作り始めた時には驚いた。

その後、日本文化紹介ワークショップ会場では、市の大学学長から記念品をいただき、市長と茶会に出席した。（写真-44）

時間は既に14時で、多くの仲間に見送られ、ようやくイスタンブールに向けて出発。（写真-45）

空港に到着したのは21時前で、イスタンブールで予定していた、船に乗って魚を食べる計画は見事に消えた。しかし、市公園担当者ネスルハン氏、アイセギル氏と共に車でエスキシェヒル市からイスタンブールまで過ごした時間は、今回の素晴らしいプレゼントとなった。市長、局長、関係者に感謝だ。

写真-44　お茶会

写真-45　現場の仲間

2. スコットランド・コーデン城日本庭園
The Japanese Garden Cowden Castle, Scotland
—日本女性が初めて設計施工した海外の日本庭園を復元—
■2-1 庭園成立の考察と現況調査

はじめに

2010年8月31日、英国スコットランド・ブリッジアーロンのローズマリー邸で、スコットランド日本庭園協会主催による日本庭園作庭ワークショップを行なった。その時に、ローズマリー氏の案内で、ドラー村のロバート卿邸、ドラー・ミュージアム、コーデン城日本庭園を訪問した。

スコットランド・コーデン城日本庭園の成立ちを明らかにするために2013年9月1日、2014年2月26日～3月2日の5日間コーデンに滞在して聞き取り調査、資料収集、コーデン城日本庭園現場調査を行なった。

聞き取り調査は庭園の持主であるロバート・スチュワート卿、息女のサラ・スチュワート嬢に行なった。資料収集は文献資料、写真、図面等で、ドラー・ミュージアム資料、ロバート卿所持の古写真であった。

文献資料は、『ジル・ラギット博士調査報告書』(2007年)、「世界漫遊旅行者と庭園－エラ・クリスティの日本旅行とコーデン城の日本庭園－」橘セツ(2008年12月)、「園芸家半田たきの明治後期の英国留学—家族史とライフヒストリー／ライフジオグラフィーの視点から」星珠枝、橘セツ(2011年12月)、『想ひ出の記』中目たき(1954年共栄新聞社出版局)である。

特に中目(旧姓半田)たきの『想ひ出の記』の工事記録は貴重で、日本庭園成立の背景や当時の状況確認の大きな参考となった。この項ではスコットランド・コーデン城日本庭園作庭内容を明らかにし、庭園の成り立ちについて考察を行なう。

1 コーデン城日本庭園との出会い

コーデン城日本庭園は、スコッランド・ドラーに1908年に作られた。

ロバート卿邸の邸宅周囲は牧草地で、かつての城らしきものはすでになく、和かな老夫婦に迎えられて案内された室内で、コーデン城日本庭園の古い写真や、様々な資料を見せてもらった。

写真-1　村営のドラー・ミュージアム入口

写真-2　ドラー・ミュージアムにて資料閲覧

ロバート卿の話によると、コーデン城日本庭園は、1907年に日本を訪れたエラ・クリスティ嬢が、その時の思い出のために敷地内に日本庭園を作りたいと熱望し、英国在住の日本人設計者を探し、英国女子農業・園芸学校スタットレー・カレッジに留学中だった半田たきに設計、施工を依頼して作庭が進められたのだという。

　その後、鈴木慈什、マツオシンザブロウが加わり、これら4人の人物によってコーデン城日本庭園が作庭されたことが分かった。

写真-3　半田たき、マツオシンザブロウ

2-コーデン城日本庭園作庭者について

エラ・クリスティ（1867-1944）

　1865年　炭鉱経営で成功した父親ジョン・クリスティがコーデン城の土地を購入。
　1902年　ジョン・クリスティが亡くなる

と生涯独身であったエラ・クリスティが跡を継いだ。ロバート卿は、エラ・クリスティの妹アリスの子供である。

半田たき（1871-1956）

　1871（明治4）年　久留米で生まれる。
　1892（明治25）年　同志社女学校入学。
　1895（明治28）年　同志社女学校卒業。香蘭女学校教師となる。
　1900（明治33）年　同志社女学校教師となる。
　1906（明治39）年〜1907（明治40）年
英国女子農業・園芸学校スタットレー・カレッジ留学。
　1908（明治41）年　同志社女学校復職。
　1910（明治43）年　中目成一と結婚。
　1919（大正8）年　同志社女学校退職。
　1956（昭和31）年　岩手県水沢で亡くなる（85歳）。

鈴木慈什（1837-1937）

　1873（明治6）年　名古屋市で生まれる。
　1910（明治43）年　訪英。
　1916（大正5）年　ロンドン在住。
　1922（大正11）年　ロンドン、クラッパ通り在住。
　1930（昭和5）年　王立キューガーデンのパーティに出席。
　1937（昭和12）年　ロンドンで亡くなる。ヘンドン墓地に埋葬。

マツオシンザブロウ（?-1937）

　出生地不明
　1925（大正14）年　鈴木慈什の紹介でコーデン城日本庭園の庭師として雇用される。
　1937（昭和12）年　コーデンで亡くなり、エラ・クリスティの傍らに埋葬される。

3-コーデン城日本庭園調査 —コーデン城日本庭園を訪ねて—

　当初は、ジョサイア・コンドルの本を参考にして島、築山の地割、建物、橋、灯籠等

のデザイン、配置が行なわれたようである。

　ドラー・ミュージアムから車で5分、左手に牧草地の丘陵地を眺めながら曲りくねった細い道を登り、右手に石垣で囲まれた樹林地を眺めながら広大な牧草地が広がる敷地の簡素な入口に到着。牧草地から樹林地に続く道をしばらく歩くと、目の前の谷間に美しい池が現れた。東側に土手を築き、丘陵地からの水を堰き止めて池としていた。池の周りにはシャクナゲが生い茂り、日本庭園はイギリス風景の中に溶け込んでいた。

　庭園はロンドン在住のS氏の尽力により、スコットランド歴史協会の重要文化財として記録されていた。

写真-4　現況視察　池岸に佇むロバート卿

　2013年9月、ロバート卿の娘サラ嬢から、修復に関して相談したいと連絡があり、2014年1月に仲間と共に本格的な復元調査を行なうことになった。

(1) 調査日程（2014年1月27日〜1月31日）

1月27日　日本庭園復元内容打ち合わせ　現場視察

1月28日　コーデン城視察　日本庭園現場にて復元調査

1月29日　燈籠、飛石確認　水鉢確認等現場調査

1月30日　現場調査　中島・築山確認

1月31日　墓参り　復元内容図面作成　復元内容打ち合わせ

(2) 調査者

福原成雄

アンジェラ・デービス　通訳

松川純也　NPO緑の蝶々所属

菱井愛　momiji design LTD
　　　　CMLI Landscape Architect

(3) 調査内容

①日本庭園復元調査内容打ち合わせ、聞き取り調査、現場視察。

写真-5　聞き取り調査

写真-6　北西側平庭現況

写真-7　調査図面・庭園設計図作成

②日本庭園現場にて復元調査。

　コーデン城跡地確認、池護岸の確認、反
橋が架けられていた位置の確認。

写真-8　コーデン城跡

写真-9　北東側護岸の確認

写真-10　北側から池中央中島を見る

（4）作庭資料の収集整理と考察

　コーデン城日本庭園復元整備内容を検
討するために、文献資料を基に庭園が作
られた年代順に作庭内容を整理し明らか
にした。

1906年10月

半田たき（37歳）英国スタットレー・カ
レッジで園芸を学び始める。

1907年4月、5月

エラ・クリスティ、日本旅行。日本庭園に出
会い、英国にそれを作りたいと希望する。

「デントン先生の手紙に、スコットランド
に行って、クリスティ嬢を助けてあげよと
のこと、同嬢より日本式庭園を作りたいか
ら援助を依頼する通信を受けた。」

『想ひ出の記』中目たき

1908年1月28日〜

半田たき、コーデン城日本庭園作庭現地調
査打ち合わせを行なう。

「クリスティ嬢に面会し庭についての希望
を聞き、地形と広さを見て概略の見取図描
いて数日滞在し、」

「我国の眺望に似たるものある様に思わ
れ、美しい景色である。異なるものは丘陵
などに樹木なく、牧草青々と羊群が點々と
草を食みつつあることである。」

「帰校し―略―勉強をしながら隙をみて
は、築庭の構想を練り見取図の中に書き入
れて略出来上がった。敷地の広さは約二
エーカー（約8,000㎡）築山と平庭の二部
に分かれた。」

「中央に鴨寄の池あり。傍らにボートハウ
スもある。この池の一方東側には池を掘っ
たときの土かと思はるる自然の坂がある。
平坦地と坂地の境には池に導かれて小渓

がある。一丈（3m）あまりの段階をなして自然の滝を形成している処あり。是等を皆利用して築庭せんと試みた。」

『想ひ出の記』中目たき

1908年4月23日〜

庭園着工、見取り図と比べあわせる。

「両三日の間は池辺に出て見取図と較べ合はして、愈々確信を得て作業に取りかかる。―略―先ず三人の人夫来る。―略―クリスティ嬢は何とかして橋をかけたいとの注文である。依って池の辺に溝を掘りて中島を作り、其の土を中島の築山をこしらへ、溝のしがらみを中ころの石にて石垣の様に畳み、其の溝に橋をかけて中島に渡る様にしたのを嬢は大いに喜ばれた。―略―中島には石を数カ所に据え、石の傍らにツツジ、ツゲ、シャクナゲの如きものを植え芝生を以て地面を被い、一寸面白き景が出来揚た。―略―坂地には大小の築山を作り、庭石を据え、中島の植木と同様のものを植込み、粉引白の古き石を組み立て、石灯籠の形を現したりする度に、変り行く庭の面を見ては狂喜せられ人夫どもも驚きを以て眺め賞賛の言葉を放ち、大いに興味を以て能く働いてくれた。然し其の指揮は実に難しかった。屢々自分で鍬を取って形を直さなければならなかった。彼等はピラミッドの如き三角を造り、四角形にしたりするので、角を除きてなだらかにするには矢張自分の手を要した。英国では日本庭園と云えば只鳥居を立て、石灯籠を据えるのみである。―略―作業中湿っぽい日が多いので難儀したが、人夫等は勤勉にて雨中にても正直に能く働くのには感心した。―略―朝の八時より午後五時と

云う約束であった―略―春休暇の三週間にては到底竣工難しかったから、」

『想ひ出の記』中目たき

1908年8月初旬〜

「春中止していた仕事を続けたが、国元より帰国を促がしてくるので、八分通り終わった頃には石灯籠の据え場所などを図中に示して置いて、残念ながら別れを告ることになった。灯籠をロンドンにて探しても、望み通りのものもなく、遂に日本へ注文を出してあるが未着であった。」

『想ひ出の記』中目たき

灯籠は、発送資料により下記の三基の灯籠が京都から送られていることがわかる。

・春日灯籠（大）1808年奈良
・春日灯籠（小）1823年京都
・雪見灯籠1787年奈良

数年後

「帰国後数年後であった。―略―或未知の紳士より一通の書翰を受けた。名古屋のある築庭家にてロンドンに出張中、クリスティ嬢の依頼により、私が考案した日本式築庭を視察したと云う批判の書であった。―略―唯一ヶ所変更した、即雪見灯籠の据え處を湖岸より水中に移したのみにて、他は訂正する處なかったとのことであった。実は自分から法式に叶へるか何うかも考へず、築庭書を検べて後は、感じにまかせて築きしのみにて、築庭家の如き人に見られては恥ずかしき次第に思って居たのに、斯る批判を受け、恥入ながらも嬉しくもあった。」　　　『想ひ出の記』中目たき

1909年

池中島に二つの反橋（木橋）が設置される。
（古写真より確認）

1910年頃
門（茅葺）、水鉢、飛石が設置され、植栽も行なわれている（古写真より確認）。作庭家鈴木慈什によって雪見灯籠の据え替え指示が行なわれた（古写真より確認）。新たな雪見灯籠が平庭護岸近くに据えられた（古写真より確認）。

「日本庭園は、Shan-rak-uen と命名され、湖につながる日本風の野趣のある門に名前が示された。エラは、Shan-rak-uen とは、"愉しみと喜びの場所" a place of pleasure and delight だと説明を受けた。」
（文献資料より）

1925年
庭師マツオシンザブロウ（44歳？）が庭園の維持管理で雇用される（文献資料より）。作庭家鈴木慈什は、定期的に訪問し植栽に関する剪定の助言を行なった（文献資料より）。

1933年1月7日〜24日
作庭家鈴木慈什による中島のデザインにより、南側反橋が八橋に付け替えられ、同時に池中に石組が行なわれる。スケッチには中島に鳥居、稲荷神社（二つの狐）、四阿が描かれている（文献資料、スケッチより）。

1937年
メアリー女王日本庭園訪問。

1937年
鈴木慈什死去（64歳）、マツオシンザブロウ死去（56歳？）。

1949年
エラ・クリスティ死去（88歳）。

1955年
庭の一般公開。

1956年

中目（旧姓半田）たき死去（85歳）。

1960年
バンダリズムによって茶室、橋、神社、灯籠等が破壊された。

1992年
ロバート・スチュワート卿によって復元運動がなされたが実現されず。

1998年7月22日
「この庭園には池とその淵にいくらかある石組のほかは殆ど残っていない。灯籠の基礎が少々と、葺き屋根の門の跡のほか、稲荷神社の名残りが残るばかりである。稲荷神社については、残ったわづかな一部がそれが朱に塗られていたことを示している。」
（ジル・ラギット，1998年7月22日）

2013年8月31日
福原らがロバート・スチュワート卿宅を訪問。ドラー・ミュージアム及びコーデン城日本庭園跡を見学。門跡、春日灯籠基礎、傘、雪見灯籠中台、稲荷神社跡、池中石組等を実見。樹木が生茂り護岸、築山、石組、飛石は確認できなかった。

2014年1月26日〜2月2日
日本庭園現場にて復元調査、コーデン城視察、灯籠、飛石確認、水鉢確認等現場調査、現場調査中島、築山確認、墓参り、復元内容図面作成、復元内容確認打ち合わせ。

（5）コーデン城日本庭園作庭時期における作庭内容の考察

第1期　1908年
半田たきにより日本庭園のデザインが行なわれ、作庭が行なわれている。
西側中島整備、中島築山造成、坂地築山造成、平庭造成、中島護岸整備、中島石組、西

側中島木橋設置、西側中島植栽工事、坂地築山石組、平庭寄せ灯籠設置、春日灯籠二基、雪見灯籠一基配置指示。

第2期
1909年
エラ・クリスティによってその後のデザイン、作庭が行なわれている。

池中央中島整備、池中央に木橋反橋二橋設置、門設置、飛石設置、水鉢設置、四阿設置、植栽工事。

1910年〜1937年
鈴木慈什により変更、追加デザイン、作庭が行なわれている。

雪見灯籠の変更配置指示、池中央中島にかかる木橋変更、八橋設置、八橋周りの池内石組、稲荷神社設置、鳥居設置、南西側平庭整備（飛石設置、水鉢設置、灯籠設置、植栽工事）。

第3期 1925年〜1937年
マツオシンザブロウによって維持管理（12年間）が行なわれる。

鈴木慈什による変更整備作業、植栽管理等が行なわれた。

※メアリー女王が日本庭園を訪問された1937年頃が、特に完成度の高い日本庭園であったと考えられる。

第4期 1937年〜1949年
エラ・クリスティによって追加デザイン、植栽管理指示、庭園施設維持管理指示が行なわれた。

第5期 1949年〜
現在までロバート・スチュワート卿によって庭園樹木、庭園施設維持管理指示、中島にかかる木橋設置が行なわれてきた。

（6）コーデン城日本庭園古写真による庭

園施設の分析
【1910年当時】
池、池中央中島、門、反橋二橋、飛石、植栽の姿を確認することができる。　　　（写真-11）

写真-11 北側から中島全景

池、池護岸石組、池台石上の雪見灯篭、反橋の姿を確認することができる。灯籠の中台が逆さまに据えられている。　（写真-12）

写真-12　西側の流れから池部分

池中島護岸、池中央中島に架かる反橋、橋脚の姿を確認することができる。　　　（写真-13）

Building the Garden

写真-13　池中島にかかる反橋（木橋）

南西側平庭、石組、春日灯籠、飛石、雪見灯籠、植栽、対岸の寄せ灯籠、門の姿を確認できる。 　　　　　　　　　（写真-14）

写真-14　南西側平庭部分全景

南西側平庭、水鉢周り、雪見灯籠、石組、飛石の詳細が確認できる。 　　（写真-15）

写真-15　南西側平庭部分詳細

西側中島、北西側平庭　木橋、護岸、飛石、寄せ灯籠、植栽の姿が確認できる。
　　　　　　　　　　　　　　　（写真-16）

写真-16　西側中島から西側平庭

西側中島、北西側平庭、護岸石組、雪見灯籠、植栽の姿を確認できる。 　　（写真-17）

写真-17　西側平庭と中島

南西側平庭、護岸石組、雪見灯籠、対岸富士山、サマーハウスの姿が確認できる。
　　　　　　　　　　　　　　　（写真-18）

写真-18　南西側平庭から北側の富士山全景

【1925年当時】

池中央中島　反橋、四阿、植栽を確認できる。 　　　　　　　　　　　（写真-19）

写真-19　富士山から池中央中島全景

【1926年当時】
北西側平庭で作業をするマツオシンザブロウ。飛石、砂利敷き園路、植栽の姿が確認できる。 （写真-20）

写真-20 北西側平庭

【1930年当時】
池中央中島　ボートハウス、反橋、水辺植栽を確認できる。 （写真-21）

写真-21　東側から池中央中島全景

【1931年当時】
坂地　富士山、植栽の姿が確認できる。 （写真-22）

写真-22　富士山全景

池中石組　雪見灯籠（中台が据え直されている）、池中央中島、四阿、ボートハウスの姿を確認できる。 （写真-23）

写真-23　西側台石上の雪見灯籠

西側中島の姿を確認できる。 （写真-24）

写真-24　西側中島から北西側平庭全景

池中石組　雪見灯籠、対岸の北西側平庭の姿を確認できる。
北側から池中央中島に架かる反橋、対岸の植栽を確認できる。 （写真-25）

写真-25　西側台石上の雪見灯籠

【1955年当時】

八橋、池中石組、池中央中島に架かる反橋、中島、対岸の植栽の姿が確認できる。

（写真-26）

写真-26　南側から池石組、八橋、中島全景

(7) 古写真と現在の状況を比較考察

①木橋　西側中島から平庭に架けられていた木橋の位置を確認。　（写真-27,28）

写真-27　1910年西側中島から西側平庭に架けられた木橋

写真-28　2014年7月　ほぼ同じ位置から撮影

②木橋　西側中島から池中央中島を古写真と比較　（写真-29,30）

主人島から客人島の雪見灯籠を見る

写真-29　1910年西側平庭と中島

写真-30　2014年7月　ほぼ同じ位置から撮影

③雪見灯籠　古写真と現況を比較

（写真-31,32）

古写真の雪見灯籠設置状況を確認

写真-31　1931年西側台石上の雪見灯籠

写真-32　2014年7月　ほぼ同じ位置から撮影

④北西側岬の位置　古写真と現況を比較
（写真-33,34）

半田たきが作庭した北西側岬部分

写真-33　1934年　岬部分

写真-34　2014年7月ほぼ同じ位置から撮影

⑤北西側平庭　古写真と現況を比較
（写真-35,36）

半田たきがデザインし作庭した北西側
平庭で、1926年に維持管理作業をす
るマツオシンザブロウの姿を捉えた写
真では平庭の様子が良く分かる。飛石
の周りの砂利敷き、玉石の縁石、緩やか
な曲線の芝生地、石組。春日灯籠はのち
に移動されたと考えられる。

写真-35　1926年北西側平庭に立つマツオシン
ザブロウ

写真-36　2014年7月ほぼ同じ位置から撮影

**(8) 伐採確認、灯籠、飛石確認、水鉢確認
等現場調査**

①灯籠

半田たきがデザインし作庭した北西側平
庭を確認する。

・北西側平庭寄せ灯籠

半田たきが据えた粉引き臼を笠に見立て
た寄せ灯籠を確認。　　　（写真-37,38）

写真-37　寄せ灯籠確認

写真-38　寄せ灯籠の笠　直径1365mm

・北西側平庭春日灯籠
　半田たきが京都に注文し北西側平庭に
　配置指示した春日灯籠を確認。
（写真-39、40）

写真-39　半田たきが指示した場所とは違っている（古写真より）

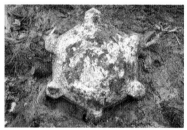

写真-40　基礎の直径520㎜　竿の長さ770㎜、直径260㎜　笠の大きさは直径550㎜

　中台、火袋、宝珠が無くなり、基礎、竿、笠だけが現存している。

・北西側平庭雪見灯籠
　半田たきが京都に注文し配置指示した
　雪見灯籠を確認。　　　（写真-41 〜 44）

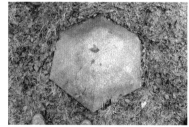

写真-41　笠上部

写真-42　笠下部　直径780㎜　厚さ120㎜

写真-43　中台上部

写真-44　中台下部　515㎜　厚さ130㎜

脚、火袋、宝珠が無くなり、中台、笠だけが現存している。

古写真では雪見灯籠が二種類存在し、半田たきが京都に注文した灯籠か不明である。

・南西側平庭春日灯籠

　半田たきが京都に注文し配置指示した春日灯籠の確認。　　　　　　（写真-45 ～ 47）

写真-45　基礎上部

写真-46　基礎側面　直径450mm　厚さ190mm

写真-47　笠上部　直径510mm　厚さ175mm

半田たきが指示した場所とは違っている（古写真より）。
竿、中台、火袋、宝珠が無くなり、基礎、笠だけが現存している。

・飛石

　半田たきがデザインし作庭した北西側平庭の飛石確認　　　　　　（写真-48）

写真-48　北西側平庭　飛石発掘　位置、埋没状況の確認

②園路

・北側坂地と北側平庭との間の園路確認
　　　　　　　　　　　　　　　　　（写真-49）

写真-49　園路幅1000mm　埋没厚150mm

③西側中島

・半田たきがデザインし作庭した中島を確認。　　　　　　　　　　（写真-50）

写真-50　島の石組

④南西側平庭

・水鉢確認　　　　　　　　　（写真-51）

写真-51　水鉢を発掘。春日灯籠位置を確認。水鉢発掘直径460㎜、穴直径245㎜

⑤小渓

・西側小渓の確認

「平坦地と坂地の境には池に導かれて小渓がある。一丈（3m）あまりの段階をなして自然の滝を形成している処あり。是等を皆利用して築庭せんと試みた。」　　　　『想ひ出の記』中目たき

（写真-52）

写真-52　西側小渓の流れ確認

おわりに

今回の調査で、イギリス人エラ・クリスティの日本への想いが3人の日本人の手によって作庭されたコーデン城日本庭園に結実したということが分かった。今回の調査の際に、エラ・クリスティの墓参りに訪れた。エラ・クリスティが眠る墓の横には今もマツオシンザブロウがひっそりと眠っている。亡くなるまで日本庭園を維持管理したマツオシンザブロウとエラ嬢の信頼関係が窺え、この庭園に対する想いも大きなものだったと感じ取る事ができた。コーデン城日本庭園調査復元の意義は、理想の庭園を目指した彼らの想いを受け継ぎ、その日本庭園の姿を甦らせる事で、庭園が更なるイギリスと日本との強い友好の証となることにあるだろう。

現在、庭園調査を継続し、多くのイギリスと日本の人々の協力によって復元作業を行っているが、次回その内容を報告できる事を願っている。

写真-53　エラ・クリスティが眠る墓地

写真-54　エラ・クリスティの傍らで眠るマツオシンザブロウ

■2－2庭園復元について-その1

2013年9月1日、2014年1月26日〜2月2日の8日間ドラーに滞在してコーデン城日本庭園の聞き取り調査、資料収集、現場調査内容について報告を行なった。この調査を基に2014年6月に第一期復元工事調査設計、伐採樹木指示、掘り出し状況の確認等を行ない、復元工事実施図面、見積書を作成した。

『園芸家半田たきの明治後期の英国留学――家族史とライフヒストリー / ライフジオグラフィーの視点から』―（2011年12月）の論文を纏められた元公益社団法人日本消費生活アドバイザー・コンサルタント協会常任顧問星珠枝氏、神戸山手大学橘セツ教授にもお話を伺った。半田たきの孫である星珠枝氏とメールでの意見交換を行なった。復元工事の日程は2014年8月24日〜9月15日の17日間となった。この第二期復元工事では北西側平庭・南西側平庭石組、北西側平庭の寄せ灯籠、南西側平庭の飛石、南西側平庭の水鉢、西側中島の護岸等の復元を行なった。これらの海外における文化財的価値を有する日本庭園復元工事内容について報告する。

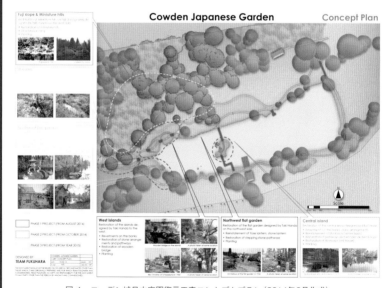

図-1　コーデン城日本庭園復元工事コンセプトプラン（2014年2月作成）

1 - 日本での聞き取り調査

星珠枝氏、橘セツ教授と以下のように

連絡を取り合った。

「ロバート・スチュワート卿、ご令嬢サラ様からコーデン城日本庭園復元を依

頼され、ドラー・ミュージアムの資料、ロバート卿からの聞き取り、現場調査等から復元図面を作成しています。ロバート卿から星珠枝様、橘セツ先生のお話をお聞きし論文も読ませていただきました。コーデン城日本庭園現場は長い年月の間に日本庭園の面影を失いつつあり、なんとかロバート卿、ご令嬢の復元の願いを叶えたいと資料を集めています。」

2014年2月3日　福原成雄

「御連絡ありがとうございました。夢をみているようです。庭園については全く知識もありませんが、祖母の生涯の輝かしい成果として実現できることを期待しております。私にできることはなにもありませんが、10有余年祖母と暮らした想い出の中から、お伝えできることがあれば幸いです。」

2014年2月3日　星珠枝

このメール、電話での聞き取り調査で、ロンドン在住の造園家S氏が既に調査、復元作業に関わっていることが判明、急遽以下の内容で連絡をした。

「昨年8月にスコットランド日本庭園協会支部に依頼され、ワークショップでブリジアーロンの個人宅庭園作庭を行ないました。その時、偶然にも個人宅主人にご案内していただいて、コーデン城日本庭園所有者のロバート卿にお会いし、日本庭園の資料を基にお話をお聞きし、ロバート卿の案内で、ドラー・ミュージアムにもお伺いして資料を見せていただきま

した。その後、コーデン城日本庭園を訪問しましたが日本庭園の面影は自然の中にひっそりと眠っていました。園内を歩きながら随所に作庭者の心を感じることができましたが、何よりもロバート卿の思い出話に時間を忘れる程でした。そして、昨年10月、突然私の英国在住のコーディネーターから連絡があり、ロンドン在住のロバート卿のお嬢様、サラ様からコーデン城日本庭園復元修復に関して、依頼と復元内容について相談したいとのことでした。ロバート卿の復元に対する熱意と、お父様の思いを叶えさせて上げたいサラ様思いが伝わり、喜んでお引受けいたしました。大変急いでおられ、本年1月末に一週間、ロバート卿所有のドラ・コテージに宿泊させていただき、仲間と共にロバート卿、お嬢様のサラ様とお会いし復元要望をお聞きし、コーデン城日本庭園現場で庭石、樹木、灯籠等の実測調査、古写真と現況の比較確認等を行ない、ラフ復元内容図面を作成、復元修復の段取、工事日程等の打ち合わせを行なって日本に帰国しました。現在、復元修復調査報告書、復元修復内容図面を提出し、8月末から二期工事(二週間)の復元工事を行なうために、準備工事を現地スタッフとロバート卿お抱えのガーデナーにお願いし、建築意匠設計、工事費見積作業等を大急ぎで行っています。ところが、この作業を進めて行く中で大変気がかりな問題が出てきました。それは、帰国して故半田たき様のお孫様の星珠枝様に、ロバート卿、お嬢様のサラ様から依頼され復元修復のご挨拶の連絡と古写真等の資料の問

合せをさせていただいたところ、S様が既に関わっておられるとのことをお聞きしたからです。そして、日本スコットランド協会に情報を集められていること等を知りました。ロバート卿、サラ様、地元建築家からは、S様がこの復元修復にご尽力されているとのお話はお聞きしていませんでした。大変恐れ入りますが、コーデン城日本庭園復元にどの様に関わられているのかお教えいただけないでしょうか。」

2014年2月27日　福原成雄

「福原様
さて、この庭園の件ですが最初に私の所に要請が入ったのが10年前ぐらいだと思います。
その後、プロジェクトは浮き上がったり沈んだりしてその毎に新しい団体、協会、など等が関与してきて、結局、諸々の問題を抱えたままで現在に至っています。娘のサラにこの日本庭園のプロジェクト全体をまかせています。昨年の春に現場へ行ってオーナーご夫妻、サラさん、そして地元の建築家、スコットランドジャパニーズガーデンソサエティの役員達と今後の対処策を話しましたが結論から言いますと再現してもその後の管理をどうしたら良いかと言う大きな問題が壁になっています。星さんとは再三メールで応対しています。彼女は目の黒いうちに再現してほしいと懇願しています。今後は貴殿が関与してくれるとの事大歓迎です。ぜひ立派な庭園を復元してください。いろいろと問題が起こると思いますが、

きっとうまく対処して完成してくれる事願っています。新たな情報が出ましたらお知らせいたします。」

2014年3月3日　S

このメール連絡により、迷いが消え急ぎ復元準備作業内容を作成、第一期復元工事日程を決定し現地作業者に指示を行った。

2-復元準備作業

2014年度　8月までの作業内容
(1) 伐採：既存樹木景観上支障となる樹木、実生樹木、石組・地割を妨げる樹木の伐採、切り戻しを行なう。
(2) 浚渫：西側中島周囲の土砂を浚渫し、池の姿を復元する。この時、護岸石組、橋の台石、石組、園路飛石、沢飛石等を壊さない様にする。
(3) 掘り取り：北西側平庭、南西側平庭の石組、水鉢、飛石等が見えるように埋設土砂を掘り取る。
(4) 排水：特に北西側平庭、南西側平庭は水捌けが悪く、雨水が溜まり歩行が困難で、景観上も好ましくない。開渠、暗渠管の設置が必要である。

3-報道記事

業績と復元工事の内容が日本スコットランド協会の機関誌『スコットランド便り』(6月末発行)と、半田たきの郷里・水沢の胆江日日新聞(6月22日付)に掲載された。

コーデン城日本庭園 復元工事始まる。

半田たきさんの設計した日本庭園

2011 年 10 月の JSS 講演会「スコットランドに日本庭園を造った日本女性」で、その人が講師を務めて下さった星珠枝氏の祖母さまの半田たき氏であることを知りました。そして、100 年ほど前に造られた、その日本庭園の復元工事計画が大阪芸術大学の福原成雄教授（造園デザイナー）を中心に始まりました。

福原成雄氏は日本庭園協会スコットランド支部のワークショップでスコットランドを訪ねられたとき、コーデン城の日本庭園のことを知り、城主ロバート棚夫妻との出会いからこの復元計画がスタートすることになりました。今年 1 月には本格的な現況調査を行い帰国して星氏に調査、計画を報告さ

れました。現在は、ロンドン在住のチームが樹木の撤去、半田たき氏設計作庭の島の周囲の掘削、飛び石の掘り出しなどの工事が進行中とのこと、6 月末から 7 月初旬には福原氏も現地で復元の工法や内容確認なさり、8 月 24 日から 9 月 13 日が本格的な工事となるそうです。復元工事のパンフレットや工事中の写真を氏より JSS にお届けせいただきました。

福原氏は、1995 年からキューガーデン日本庭園作庭、2001 年タタンパーク日本庭園修復工事、リバプールカルダーストンパーク日本庭園修復工事に携われて毎年のように、庭園の維持管理、日英協会、英国日本庭園協会での講演、ワークショップ等で英国へも良く足をお出かけになり広くご活躍中です。

コーデン日本庭園復元計画パンフレット

島の掘り出し作業

日本スコットランド協会の機関誌『スコットランド便り』

胆江日日新聞 2014年6月22日

4 - 第一期復元工事

4)-1 作業日程

2014年6月30日
福原、菱井 Ochil Cottage 到着、ロバート卿、サラ嬢と今回の作業内容打ち合わせ

2014年7月1日
午前:現場視察、作業打ち合わせ
午後:掘り出した中島測量

2014年7月2日
終日:測量

2014年7月3日
終日:測量、測量図面作成

2014年7月4日
午前中:現場調査中島、築山確認
午後:建築家マヒュー氏と打ち合わせ

2014年7月5日
午前:植木ナーサリーにて樹木調査
午後:現場確認

2014年7月6日
午前:調査、復元工事図面作成　建築家マヒュー氏と打ち合わせ
午後:ドラー・ミュージアム資料調査、ロバート卿と確認内容打ち合わせ

2014年7月7日
英国出国

2014年7月8日
日本帰国

4)-2 調査者

福原成雄
菱井愛　momiji design LTD
　　　　CMLI Landscape Architect

4)-3 復元工事、調査作業内容

(1) 2014年6月30日
　　日本庭園復元内容打ち合わせ
打ち合わせ内容:今回の作業内容、8月24日〜の復元工事内容、段取り打ち合わせ

(2) 2014年7月1日
　　日本庭園現場にて復元作業の確認、作業内容、工事内容打ち合わせ

写真-1　左から福原、菱井、サラ嬢、ロバート卿、デービット氏(庭師)、ガリー氏(樹木伐採担当)、トム氏(樹木伐採担当)

① フジスロープ周辺樹木伐採指示

写真-2　支障樹木(シャクナゲ等)伐採指示

② 寄せ灯籠周辺樹木(シャクナゲ等)伐採指示

写真-3　半田たきが配置指示した寄せ灯籠

③5月の浚渫作業確認

写真-4　中島周辺浚渫確認

(3) 2014年7月2日
　　池中央中島伐採樹木指示、中島、平庭
　　現況測量
①池中央中島伐採樹木指示

写真-5　池中央中島支障木マーキング

②中島現況測量

写真-6　中島現況テープ測量

(4) 2014年7月3日
　　池中央中島樹木伐採指示、中島、平庭
　　現況測量
①流れ、池中央中島支障樹木伐採指示

写真-7　池中央中島支障樹木伐採

②南西側、北西側平庭現況測量

写真-8　北西側平庭テープ測量

(5) 2014年7月4日
　　古写真と現況の確認、建築家マヒュー
　　氏打ち合わせ
①ロバート卿より庭石提供

写真-9　牧草地を整地した時に掘り出した石材

②建築家マヒュー氏と事務所にて打ち合わせ

写真-10　事務所にて建築申請等の提出書類の確認

(6) 2014年7月5日
Growforth ガーデンセンターにて樹木調査

写真-11　モミジ、アジサイ等の植物手配

①現場にて再確認

写真-12　半田たきが溝を掘り、溝のしがらみ（木杭）とちゅうころの石にて石垣にした姿、中島には石を数カ所に据えて、ツツジ等を植えた姿を確認

写真-13　半田たきが坂地に築いた大小の築山と庭石の確認

写真-14　北西側平庭　飛石位置、埋没状況の確認

②南西側平庭

写真-15　飛石の確認

(7) 2014年7月6日
復元工事図面作成、エラ・クリスティ墓参り
ドラー・ミュージアム資料調査、ロバート・スチュワート卿と確認内容打ち合わせ

①コーデン城日本庭園周辺地形図の変遷（ドラー・ミュージアムより入手）。これらの地
　形図で日本庭園がどのように形成されたかを知ることができた。

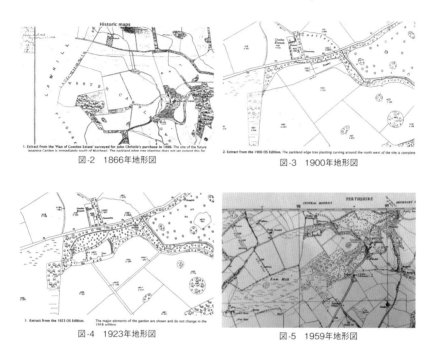

図-2　1866年地形図

図-3　1900年地形図

図-4　1923年地形図

図-5　1959年地形図

②1990年のコーデン城日本庭園の姿（ドラー・ミュージアムより入手）。

写真-16　水中に雪見灯籠の脚が沈んでいるのが
　　　　分かるが現在は不明

③ロバート卿と復元工事内容打ち合わせ。今回調査を行なった現況測量図面、復元工事図面、詳細図面について説明を行なった。

半田たきが設計し、工事を行なった北西側平庭、南西側平庭、西側中島の復元工事を中心に、帰国後、図面の作成を行なうことを決定した。さらに、ミュージアム、迎賓館等の建築図面についても検討を行なうことにした。

今回の復元工事調査で、当初西側中島が二島と考えられていたが、一島で、岩島、沢飛が配置されていることも確認することができた。

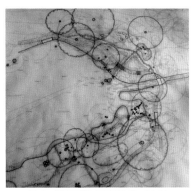

図-6　復元工事ラフ図面作成　1:100

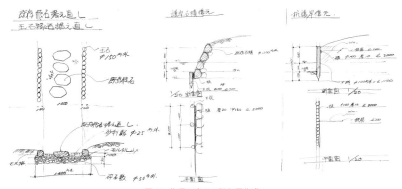

図-7　復元工事ラフ詳細図作成

迎賓館、資料館は、スコットランドの建設計画規定、法律に従いつつ、日本建築の要素を保ちながらデザインを行なう。レストランは定員約30人、車椅子用のスロープ（傾斜率1:20m）を設ける。日本側で作成した建築デザインをマヒュー氏が引き継ぎ、内装のデザインを行なう。

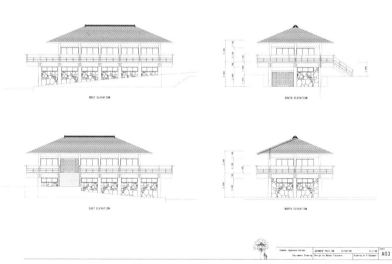

図-8　ミュージアム平面図、立面図

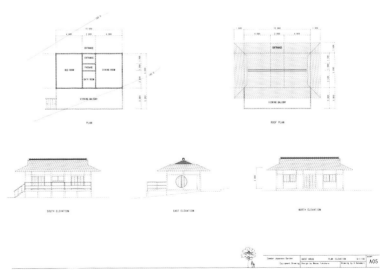

図-9　迎賓館平面図立面図

5 - 情報収集と灯籠運搬

『想ひ出の記』半田たきの工事記録

「帰校し—略—勉強をしながら隙をみては、築庭の構想を練り見取図の中に書き入れて略出来上がった。敷地の広さは約二エーカー（約8,000㎡）築山と平庭の二部に分かれた。」

隙をみては書かれたこの見取図はどこに消えたのか、ロバート卿宅、ドラー・ミュージアムでも見つからなかった。この図面をどうしても見たいと半田たきが嫁いだ奥州市水沢の中目家を訪問することにした。

5)-1 神戸山手大学橘セツ先生訪問

2014年8月17日、神戸山手大学の橘セツ教授とお会いしてご意見をお聞きし、収集された資料を拝見したが、ここにも見取図はなかった。とても明るくエネルギッシュな方で初めてお会いしたとは思えない程、時間の過ぎるのを忘れてお話をした。

5)-2 岩手県奥州市水沢中目家訪問

2014年8月19日、岩手県奥州市水沢の中目氏を訪ね、写真、書かれたものを拝見しながらお話を伺ったが、やはり見取図はなかった。そしてお墓参りをさせていただいた。

星珠枝氏とは18日に新宿京王プラザにてお会いする予定でいたが、体調を崩されお会いすることがかなわなかった。

写真-17 中目家の庭園

5)-3 灯籠運搬

2014年7月30日、日本通運と運搬する灯籠を確認しながら運搬について打ち合わせを行なった。8月2日に梱包を行ない、日本通運に引き渡しを行なった。9月末頃にエジンバラ到着予定。

6 - 復元工事図面の作成

第一期復元工事で行なった現地作業に基づき、北西側平庭、南西側平庭、西側中島復元工事図面の作成を行なった。

6)-1 コーデン城日本庭園復元内容

半田たきがデザインしたもの。

（1）西中島の復元（池護岸、石組、園路、木橋、植栽等）

（2）平庭の復元（寄せ灯籠、園路飛石、植栽）

（3）坂地築山の復元（築山整形、植栽）

エラ・クリスティがデザインしたもの。

（4）池中央中島の復元（池護岸、石組、水鉢、園路、木橋反橋、四阿、植栽等）二カ所の門

（5）鈴木慈什がデザインを変更した西側平庭を復元。

（6）西側平庭の復元（敷地造成、石組、飛石、水鉢、園路、灯籠、四阿等）

※鈴木慈什がデザインした池中央中島にか
　かる八橋、八橋周辺池内石組は、現況の
　木橋を使用するため復元は行なわない。

※後年設置された稲荷神社、鳥居は、作庭
　当初の半田たきが考えたデザイン意図
　を尊重し復元を行なわない。

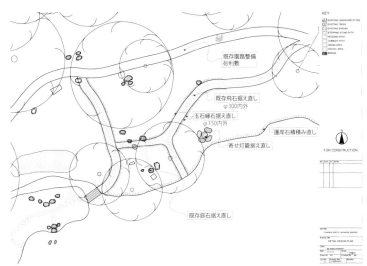

図-10 北西側平庭復元工事平面図－1（2014年7月21日作成）

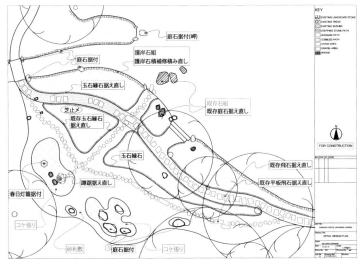

図-11 南西側平庭復元工事平面図－2（2014年7月21日作成）

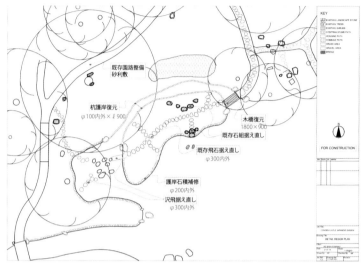

既存園路整備
砂利敷

杭護岸復元
φ100内外×ℓ900

木橋復元
1800×900
既存石組据え直し

既存飛石据え直し
φ300内外

護岸石積補修
φ200内外

沢飛据え直し
φ300内外

KEY
EXISTING LANDSCAPE STONE
EXISTING TREES
EXISTING SHRUBS
STEPPING STONE PATH
HOGGING PATH
COBBLED PATH
GRASS AREA
GRAVEL AREA
BRIDGE

FOR CONSTRUCTION

DETAIL DESIGN PLAN

図-12 西側中島復元工事平面図－3（2014年7月21日作成）

7 第二期復元工事

7)-1　作業日程、作業予定内容

2014年8月24日〜 2014年9月15日
作業は福原成雄指導、福原チーム、イギリスチームが行なう。

⑴北西側平庭、南西側平庭：石組の復元
⑵北西側平庭：寄せ灯籠の復元
⑶北西側平庭、南西側平庭：飛石の復元
⑷南西側平庭：水鉢の復元
⑸西側中島の護岸復元
⑹西側中島の木橋復元

7)-2　作業者

福原成雄

松川純也　NPO緑の蝶々所属

菱井　愛　momiji design LTD

CMLI Landscape Architect
アーサー
堀川孟史　大阪芸術大学建築学科　副手
横尾慎介　大阪芸術大学建築学科4年生
三好真弘　大阪芸術大学建築学科3年生
石井里佳　大阪芸術大学建築学科3年生

7)-3　復元工事作業内容

⑴2014年8月25日　晴れ後曇り
作業時間　8:00 〜 17:00　（5名＋0名）
①作業者：福原、松川、菱井、アーサー、堀川　5名
②作業内容：作業段取り、現場確認、作業道具搬入、テント設営、西側中島の石垣・州浜・杭護岸掘り出し、中島周りのヘドロ除去

写真-18　西側中島作業前の状況

⑵2014年8月26日　晴れ
作業時間　8:00 ～ 17:00　(5名＋2名)
①作業者：　福原、松川、菱井、アーサー、
　堀川　5名
　デービット氏 (ロバート卿お抱えの庭
　師)、ガリー氏 (樹木伐採)　2名
②作業内容：西側中島の石垣・州浜・杭護
　岸掘り出し、中島周りのヘドロ除去運
　搬、石積修復、景石据え直し等の作業、
　樹木伐採、石積石材運搬、掘り出し土等
　運び出し、午後から半田たきのことと、
　彼女が手掛けた日本庭園を調査された
　ジル・ラギット博士が来られ復元工事
　について意見交換を行なった。

写真-19　ロバート卿、ジル・ラギット博士来庭

⑶2014年8月27日　晴れ
作業時間　8:00 ～ 17:00 (5名＋3名)
①作業者：福原、松川、菱井、アーサー、堀

川　5名
　デービット氏、ガリー氏、ウィーリー氏
　(ユンボオペ)　3名
②作業内容：西側中島の石垣・州浜・杭護
　岸掘り出し、中島・沢飛周りのヘドロ除
　去、砕石運搬、南西側平庭砕石敷き、景
　石二個 (大) 運搬作業
③使用重機：ミニバックホー 1台、中型
　バックホー 1台、大型ホイルローダー
　1台、ショベルローダー 1台

写真-20　岩島、沢飛周り堆積土除去作業

⑷2014年8月28日　曇り後晴れ
作業時間　8:00 ～ 17:00 (5名＋1名)
①作業者：福原、松川、菱井、アーサー、堀
　川　5名
　ウィーリー氏 (ユンボオペ)　1名
②作業内容：杭護岸掘り出し、中島杭護岸
　設置、岩島・沢飛周り床砕石敷き、景石設
　置、北側護岸石設置、池堆積土集積作業

写真-21　中島杭護岸復元設置作業

（5）2014年8月30日　曇り後晴れ

作業時間　8:00 〜 16:00（5名＋2名）

①作業者：福原、松川、菱井、アーサー、堀
　川　5名　横尾到着
　デービット氏、ウィーリー氏（ユンボ
　オペ）　2名

②作業内容：出島杭護岸設置、岩島復元、
　沢飛復元設置、景石据え直し、出島堆積
　土除去、岩島景石据え直し、西北側護岸
　周辺堆積土除去作業

写真-22 沢飛改修復元設置作業

（6）2014年8月31日　曇り後晴れ

作業時間　8:00 〜 16:00（6名＋1名）

①作業者：福原、松川、菱井、アーサー、堀
　川、横尾　6名　三好到着
　デービット氏　1名

②作業内容：杭護岸設置、岩島復元、沢飛
　復元設置、西側中島飛石復元設置、北
　西側護岸州浜掘り出し、樹木伐採作業
　（デービット氏）

杭護岸の施工中に北西側が州浜敷きで
あることが分かり掘り出しを行なっ
た。

写真-23 北西側護岸州浜掘り出し作業

（7）2014年9月1日　曇り後晴れ

作業時間　8:00 〜 17:00（7名＋2名）

①作業者：福原、松川、菱井、アーサー、堀
　川、横尾、三好　7名　石井到着
　デービット氏、デービット氏（ユンボ
　オペ）　2名

②作業内容：杭護岸設置、西側中島飛石掘
　り出し、北側石積護岸復元設置、岩島・
　沢飛据え付け復元、西側中島飛石掘り
　出し作業

写真-24 北側石積護岸復元設置作業

（8）2014年9月2日　曇り後晴れ

作業時間　8:00 〜 17:00（8名＋1名）

①作業者：福原、松川、菱井、アーサー、堀
　川、横尾、三好、石井　8名
　ウィーリー氏（ユンボオペ）　1名

②作業内容：杭護岸設置、岩島・沢飛復元
　設置、景石据え直し、堆積土除去、岩島・

飛小石埋込み復元、南西側平庭砕石敷
き均し作業
③使用機材：コンクリートミキサーレンタル1台（9月2日〜12日）

写真-25 西側中島飛石掘り出し作業

(9)2014年9月3日　曇り

作業時間　8:00〜17:00（7.5名＋1名）
①作業者：福原、松川、菱井、アーサー、堀川、横尾、三好、石井　8名　午後菱井帰宅　ウィーリー氏（ユンボオペ）　1名
②作業内容：中島飛石掘り出し、据え直し、寄せ灯籠据え直し復元、南西側平庭造成、北西側平庭堆積土除去、中島飛石据え直し作業

写真-26 寄せ灯籠据え直し復元作業

(10)2014年9月4日　晴れ後曇り

作業時間　8:00〜17:00（7名＋1名）
①作業者：福原、松川、アーサー、堀川、横尾、三好、石井　7名

ウィーリー氏（ユンボオペ）　1名
②作業内容：飛石清掃、北側杭護岸設置、中島飛石据え付け、中島除根、整地、西側流れ護岸掘り出し作業
③使用機材：レーザーレベルレンタル（4日〜12日）

写真-27 北側杭護岸設置作業

(11)2014年9月5日　曇り後小雨

作業時間　8:00〜16:00（7名＋1名）
①作業者：福原、松川、アーサー、堀川、横尾、三好、石井　7名
　ウィーリー氏（ユンボオペ）　1名
②作業内容：流れ護岸掘り出し、池内景石設置、船着部分景石掘り出し、中島地盤整形、木橋橋脚石積復元、南西側護岸部分堆積土除去作業

写真-28　南西側石積み護岸掘り出し作業

(12)2014年9月6日　晴れ

作業時間　8:00〜16:00（2.5名＋1名）

①作業者：福原、松川、菱井（午後から）
　午前中2名　午後3名　菱井到着
　ウィーリー氏（ユンボオペ）　1名
②作業内容：南西側平庭造成、切株除去、
　木橋橋脚石積復元作業

写真-29 南西側平庭改修築山造成作業

(13) 2014年9月8日　晴れ
作業時間　8:00 ～ 17:00（8名＋2名）
①作業者：福原、松川、菱井、アーサー、堀
　川、横尾、三好、石井　8名
　デービット氏、ウィーリー氏（ユンボ
　オペ）　2名
②作業内容：南西側護岸雪見灯籠台石取
　り付飛石復元、南西側平庭蹲踞復元、南
　西側護岸掘り出し、南西側平庭客土仕
　上げ、中島州浜、石積清掃仕上げ作業、
　樹木伐採（デービット氏）

写真-30 南西側平庭蹲踞改修復元作業

(14) 2014年9月9日　晴れ
作業時間　8:00 ～ 17:00（8名＋2名）
①作業者：福原、松川、菱井、アーサー、堀
　川、横尾、三好、石井　8名
　デービット氏、ウィーリー氏（ユンボ
　オペ）　2名
②作業内容：南西側平庭造成、蹲踞復元、
　平庭造成客土仕上げ、南西側護岸石設
　置、出島整形仕上げ作業

写真-31 南西側平庭景石据え直し作業

(15) 2014年9月10日　晴れ
作業時間　8:00 ～ 17:00（6名＋1名）
①作業者：福原、松川、菱井、アーサー、横
　尾、三好　6名　（堀川、石井英国出国）
　ウィーリー氏（ユンボオペ）　1名
②作業内容：南西側平庭造成、整形、切株
　除去、飛石据え付け、中島清掃仕上げ作
　業、船着き確認

写真-32 南西側平庭蹲踞据え付け復元、築山整形
作業

(16) 2014年9月11日　霧後晴れ

作業時間　8:00 ～ 17:00(6名＋2名)

①作業者：福原、松川、菱井、アーサー、横尾、三好　6名

　デービット氏、デービット氏(ユンボオペ)　2名

②作業内容：新設枯山水石組

③使用重機：大型バックホー

写真-33 景石主石据え付け作業

(17) 2014年9月12日　晴れ

作業時間　8:00 ～ 17:00(6名＋1名)

①作業者：福原、松川、菱井、アーサー、横尾、三好　6名

　デービット氏(ユンボオペ)　1名

②作業内容：石組手直し、飛石据え付け、清掃作業、片付け作業、打ち合わせ

写真-34 西側中島石積護岸仕上げ清掃作業

(18) 2014年9月13日　晴れ

作業時間　9:00 ～ 12:00(4名＋0名)

①作業者：福原、松川、菱井、アーサー　4名

②作業内容：今回工事実測、使用道具等清掃、片付け、完了写真撮影作業

写真-35 今回工事実測作業

7)-4　今回復元工事完了写真（9月13日撮影）

写真-36 南側から北西側中島、北西側平庭復元全景

写真-37 西側中島石積護岸、州浜、飛石復元

写真-38 沢飛、岩島、州浜改修復元

写真-39 沢飛、岩島、州浜、杭護岸復元

写真-40 中島石積護岸、飛石、景石復元

写真-41 西側中島石積護岸、木橋下部石積、飛石復元

写真-42 北西側平庭寄せ灯籠復元

写真-43 南西側平庭から西側中島、平庭復元

写真-44 雪見灯籠台石、飛石復元

写真-45 南西側平庭飛石、蹲踞、景石改修復元

写真-46 南西側平庭蹲踞改修復元

写真-47,48 南西側平庭新設枯山水

■2-3 庭園復元について－その2

2015年1月20日、サラ嬢から写真が届いた。半田たきが創意し、2014年8月に復元した寄せ灯籠が、傍らの大木が倒れたために、寄せ灯籠の笠（ミルストーン）が破壊されたとの悲しみの知らせであった。私も修業時代に鎌倉時代に作られた灯籠の日袋を不注意から壊したことがあり、形あるものは、いつか壊れること、そして、その修復方法を教えられたことを伝えて安心していただいた。この項では、2015年度に行なった復元工事内容について報告を行なう。

1 - 復元準備作業

2015年8月までの作業内容
(1) 芝生の種まきと養生
(2) 潅水
(3) シャクナゲ薬剤投入
(4) 暗渠排水管の設置
(5) 園路の掘削整形
(6) 樹木の伐採
(7) 砕石の敷き均し

2 - 第3期復元工事

2)-1　作業日程、作業予定内容
2015年3月6日〜3月21日
作業は福原成雄指導、福原チーム、イギリスチームが行なう。
⑴春日灯籠、雪見灯籠、円形灯籠、岬灯籠、狸石造物等の設置作業
⑵南西側平庭枯山水石組（追加石組）
⑶北西側平庭　飛石復元
⑷池中央中島　飛石掘り出し作業、石組復元
⑸池中央中島　水鉢、飛石復元
⑹南西側、池中央中島　杭護岸復元
⑺富士山園路、階段、休憩所位置掘り出し作業、築山復元
⑻南西側平庭植栽工事（苗木、低木、地被）
⑼南西側平庭船着、飛石復元

2)-2　作業者
福原成雄
松川純也　NPO緑の蝶々所属
菱井　愛　momiji design LTD
　　　　　　CMLI Landscape Architect
アーサー
小原綾華　大阪芸術大学建築学科3年生
由良　茜　大阪芸術大学建築学科3年生
清水茉里奈　大阪芸術大学建築学科2年生
江川佳奈子　大阪芸術大学建築学科2年生
堀口城介　大阪芸術大学建築学科1年生
山上栄介　大阪芸術大学建築学科1年生
山本　大　大阪芸術大学建築学科1年生

2)-3　復元工事作業内容
(1) 2015年3月7日　小雨
作業時間　8:00〜16:00　（5名＋0名）
①作業者：福原、松川、菱井、江川、清水
　5名
②作業内容：作業段取り、現場確認、作業用具買出し

写真-1　フジスロープ伐採切株の現況確認

(2) 2015年3月9日　曇り

作業時間　8:00～17:00　（11名＋1名）

①作業者：福原、松川、菱井、アーサー、小原、由良、江川、清水、堀口、山上、山本
11名
　デービット氏（ユンボオペ）　1名

②作業内容：作業用具搬入、テント設置、切株除去作業、池中央飛中島石掘り出し作業

写真-2　池中央中島飛石掘り出し作業

(3) 2015年3月10日　晴れ

作業時間　8:00～17:00　（11名＋1名）

①作業者：福原、松川、菱井、アーサー、小原、由良、江川、清水、堀口、山上、山本
11名
　デービット氏（ユンボオペ）　1名

②作業内容：フジスロープ切株除去作業、池中央中島飛石掘り出し・据え付け、

ギャラクシーアイランド清掃、玉石敷き、景石据直し

写真-3　ギャラクシーアイランド清掃、玉石敷き、景石据直し作業

(4) 2015年3月11日

作業時間　8:00～17:00　（11名＋1名）

①作業者：福原、松川、菱井、アーサー、小原、由良、江川、清水、堀口、山上、山本
11名
　デービット氏（ユンボオペ）　1名

②作業内容：フジスロープ切株除去作業、池中央中島飛石掘り出し・据え付け、ギャラクシーアイランド清掃、玉石敷き、景石据直し作業

写真-4　ギャラクシーアイランド景石据直し

(5) 2015年3月12日　曇り後小雨

作業時間　8:00～17:00　（11名＋1名）

①作業者：福原、松川、菱井、アーサー、小原、由良、江川、清水、堀口、山上、山本　11名
　デービット氏　1名

②作業内容：各種灯籠・石造物の設置、石組据直し、南側杭護岸杭打ち作業、枯山水苔取り、運搬、苔張り作業

(6) 2015年3月13日　曇り後晴れ

写真 -5　雪見灯籠設置

作業時間　8:00 〜 16:00　(11名＋1名)
①作業者：福原、松川、菱井、アーサー、小原、由良、江川、清水、堀口、山上、山本　11名
　　ロブ氏　1名
②作業内容：円形灯籠設置、枯山水石組、春日灯籠設置、捨石設置、南側杭護岸杭打、苔張り作業

(7) 2015年3月15日　曇り

写真 -6　春日灯籠置作業

作業時間　8:00 〜 17:00　(7名＋1名)
①作業者：福原、松川、菱井、アーサー、堀口、山上、山本　7名
　　デービッド氏 (ユンボオペ)　1名

②作業内容：岬灯籠、池中央中島水鉢設置、池中央中島、春日灯籠周辺石組。

写真 -7　池中央中島水鉢設置作業

(8) 2015年3月16日　曇り時々雨

作業時間　8:00 〜 17:00　(9名＋1名)
①作業者：福原、松川、菱井、アーサー、江川、清水、堀口、山上、山本　9名
　　デービッド氏 (ユンボオペ)　1名
②作業内容：ナーサリーにて南西側平庭植栽樹木選定運搬、配植、池中央中島杭護岸、池中央中島水鉢設置、春日灯籠周辺石組、植栽用苔剥ぎ取り作業。

写真 -8　選定植栽樹木運搬

(9) 2015年3月17日　曇り

作業時間　8:00 〜 17:00　(9名＋1名)
①作業者：福原、松川、菱井、アーサー、江川、清水、堀口、山上、山本　9名
　　デービッド氏 (ユンボオペ)　1名
②作業内容：船着き復元、飛石、北西側流

れ周辺伐開除根、南西側平庭植栽、池中央中島杭護岸、春日灯籠周り造成、整地、池中央中島水鉢設置作業。

写真 -9　春日灯籠周り造成、整地作業

(10) 2015年3月18日　曇り後時々晴れ
作業時間　8:00 〜 17:00　（9名＋1名）
①作業者：福原、松川、菱井、アーサー、江川、清水、堀口、山上、山本　9名
　デービッド氏（ユンボオペ）　1名
②作業内容：南西側枯山水苔張り、池中央中島水鉢周り役石据え付け、杭護岸設置、船着き前飛石据え付け、フジスロープ造成、整形、園路砕石敷作業。

写真 -10　南西側枯山水苔張り作業

(11) 2015年3月19日　晴れのち曇り
作業時間　8:00 〜 17:00　（9名＋1名）
①作業者：福原、松川、菱井、アーサー、江川、清水、堀口、山上、山本　9名
　デービッド氏（ユンボオペ）　1名

②作業内容：現場内片付け、フジスロープ傘亭階段掘り出し、フジスロープ園路荒造成、今回工事スケッチ作業、使用道具等清掃、片付け作業。

写真 -11　フジスロープ傘亭階段掘り出し

2015年3月20日（金）英国出国
2015年3月21日（土）日本帰国

3 - 第4期復元工事

3)-1　作業日程、作業予定内容
2015年8月11日〜 2015年9月3日
作業は福原成雄指導、福原チーム、イギリスチームが行なう。
⑴西側流れ護岸、石組、築山、植栽、園路復元
⑵フジスロープ復元、休憩所掘り出し、傘亭階段復元
⑶北側平庭飛石、石組復元
⑷庭園全体の園路復元（排水も含む）
⑸設備工事（排水等）
⑹南西側平庭四阿建築工事に伴う造園工事

3)-2　作業者
福原成雄

松川純也　NPO緑の蝶々所属

菱井　愛　momiji design LTD
　　　　　CMLI Landscape Architect
アーサー
横川和彦　株式会社イプシロン代表
水野大次郎　庭師（ロンドン在住）
赤木　耀　大阪芸術大学建築学科3年生
田中　健　大阪芸術大学建築学科3年生
山本克弥　大阪芸術大学建築学科3年生

3)-3　復元工事作業内容

（1）2015年8月12日　曇り
作業時間　8:00 ～ 16:00　（5名＋0名）
①作業者：福原、松川、菱井、アーサー、横川　5名
②作業内容：作業段取り、現場確認、段取り打ち合わせ、池岸四阿工事で大工、建築家と細部の打ち合わせ、西側流れ掘り出し工事。

写真-12　池岸四阿にて打ち合わせ

（2）2015年8月13日）　晴れ
作業時間　8:00 ～ 17:00　（5名＋1名）
①作業者：福原、松川、菱井、アーサー、横川　5名
　　ロブ氏（ユンボオペ）　1名
②作業内容：西側流れ、西側小池掘り出し作業。

写真-13　流れ掘り出し、石積み修復、景石設置作業

（3）2015年8月14日　曇り時々雨
作業時間　8:00 ～ 17:00（5名＋0名）
①作業者：福原、松川、菱井、アーサー、横川　5名
②作業内容：雨のためグラスゴー近くのcraigmarloch植木ナーサリーにて、流れ周辺植栽植木選定と買付、石材業者CEDにて、枯山水の砂利、園路砂利の選定、見積依頼、マツオシンザブロウの墓参り、雨後の現場確認作業。

写真-14 ナーサリーにて流れ周辺植栽樹木選定

（4）2015年8月15日　晴れ後曇り
作業時間　8:00 ～ 17:00（5名＋1名）
①作業者：福原、松川、菱井、アーサー、横川　5名
　　ロブ氏（ユンボオペ）　1名
②作業内容：滝修復石組、流れ仕上げ、園路下地、築山整形作業

雪見灯籠の中台が意外な場所、丘の中央部牧草地で見つかった。

写真-15 流れ護岸石組、沢飛修復、整地作業

(5) 2015年8月16日　曇り

作業時間　8:00 ～ 17:00（5名＋1名）
①作業者：福原、松川、菱井、アーサー、横川　5名
　デービット氏（ユンボオペ）　1名
②作業内容：横川さん10時まで現場作業
　流れの仕上げ、流れ右側の造成工事、切株の除去、景石据え付け
　丘からの湧き水が多くぬかるみ、作業が進まない。
　午後ロバート卿、サラ嬢が来られ、フジスロープの植栽について打ち合わせをする。来年春に植栽工事、8月に完成前仕上げ工事の予定。

写真-16 流れ景石設置作業

(6) 2015年8月17日　晴れ

作業時間　8:00 ～ 16:00（4名＋1名）
①作業者：福原、松川、菱井、アーサー　4名
　デービット氏（ユンボオペ）　1名
②作業内容：流れ右側の造成、園路砕石敷、景石据え付け、雑草抜き、流れ護岸石積作業。

写真-17 景石設置作業

(7) 2015年8月18日　晴れ後曇り雨

作業時間　8:00 ～ 17:00（4名＋2名）
①作業者：福原、松川、菱井、アーサー　4名
　デービット氏、ロブ氏（ユンボオペ）　2名
②作業内容：流れ護岸、築山石組修復、園路下地、排水工事等
　午後3時頃から小雨で作業中止、ロバート卿の友人が見学に来る。長靴等を買いに出かける。

写真-18 排水ドレーンパイプ設置作業

(8) 2015年8月19日　晴れ後曇り雨
作業時間　8:00 〜 17:00 (4名＋2名)
①作業者：福原、松川、菱井、アーサー　4名
　デービット氏、ロブ氏 (ユンボオペ)　2名
②作業内容：築山整形、園路下地、既存樹
　木剪定、新植樹木植栽工事
　午後から参加協力学生3人到着、明日
　から7人に。15時半頃ロバート卿、サラ
　嬢、友人が見学に来る。

写真-19 新植樹木配植作業

(9) 2015年8月20日　曇り
作業時間　8:00 〜 17:00 (7名＋1名)
①作業者：福原、松川、菱井、アーサー、赤
　木、田中、山本　7名
　ロブ氏 (ユンボオペ)　1名
②作業内容：植栽、造成工事

写真-20 新植樹木植え付け作業

(10) 2015年8月21日　曇り後時々晴れ
作業時間　8:00 〜 17:00 (4名＋1名)

①作業者：アーサー、赤木、田中、山本　4
　名　ロブ氏 (ユンボオペ)　1名
②作業内容：傘亭周り、飛石掘り出し作業。

写真-21 飛石掘り出し作業

(11) 2015年8月24日　晴れ時々曇り
作業時間　8:00 〜 16:00 (7名＋1名)
①作業者：福原、松川、菱井、アーサー、赤
　木、田中、山本　7名
　ウィーリー氏 (ユンボオペ)　1名
②作業内容：休憩所 (展望台) 掘り出し、
　飛石据直し、園路砂利敷き工事。

写真-22　飛石復元作業

(12) 2015年8月25日　晴れ
作業時間　8:00 〜 16:00 (7名＋1名)
①作業者：福原、松川、菱井、アーサー、赤
　木、田中、山本　7名
　ロブ氏 (ユンボオペ)　1名
②作業内容：飛石掘り出し据直し、園路砂
　利敷き、フジスロープ修復工事。

写真-23 飛石掘り出し、復元作業

写真-25 既存飛石復元作業

(13) 2015年8月26日　曇り時々晴れ

作業時間　8:00 〜 16:00(8名＋1名)

①作業者：福原、松川、菱井、アーサー、水野、赤木、田中、山本　8名
　ロブ氏　1名

②作業内容：景石設置、園路砂利敷き、階段工事、流れ岸苔張り工事、庭門、生垣、回遊園路位置出し等
　ロンドン在住の水野到着。

写真-24　傘亭前階段設置作業

(14) 2015年8月27日　曇り後雨時々晴れ

作業時間　8:00 〜 16:00(8名＋1名)

①作業者：福原、松川、菱井、アーサー、水野、赤木、田中、山本　8名
　ロブ氏　1名

②作業内容：石敷き、飛石敷き、階段工事、回遊園路位置出し等。

(15) 2015年8月28日　曇り後雨時々晴れ

作業時間　8:00 〜 17:00(8名＋2名)

①作業者：福原、松川、菱井、アーサー、水野、赤木、田中、山本　8名
　デービット氏、ロブ氏(ユンボオペ)　2名

②作業内容：飛石敷き、造成、石組、剪定、回遊園路位置だし等。

写真-26 築山石組作業

(16) 2015年8月29日　曇り後時々晴れ

作業時間　8:00 〜 16:00(6名＋1名)

①作業者：福原、松川、菱井、アーサー、水野、田中　6名
　デービット氏 (ユンボオペ)　1名

②作業内容：石敷き、石組、造成、剪定作業
　水野氏、学生エジンバラへ出発。

写真 -27 築山整地仕上げ作業

(17) 2015年8月30日　晴れ時々曇り

作業時間　8:00 〜 16:00（4名＋1名）

①作業者：福原、松川、菱井、アーサー　4名
　デービット氏（ユンボオペ）　1名

②作業内容：階段、整地、石組、橋基礎等。

写真 -28 門前石組作業

(18) 2015年8月31日　晴れ後雨

作業時間　8:00 〜 16:00（4名＋1名）

①作業者：福原、松川、菱井、アーサー　4名
　デービット氏（ユンボオペ）　1名

②作業内容：階段裏込めモルタル、飛石砂
　利止め玉石設置、整地等の工事、建築家・
　照明デザイナーと庭園照明について打ち
　合せ、出来形測量、残工事の打ち合わせ。
　午後菱井、アーサー、エジンバラ空港に出
　発。

写真 -29 建築家・照明デザイナーと庭園照明打ち
合わせ

(19) 2015年9月1日　晴れ後曇り

作業時間　9:00 〜 15:00（2名＋1名）

①作業者：福原、松川　2名　デービット
　氏（ユンボオペ）　1名

②作業内容：現場片付け、今回工事の確
　認、残工事の確認、使用道具の清掃、借
　用車の清掃、長靴・手袋等の清掃洗濯。

写真 -30 現場片付け

3)-4　今回復元工事完了写真(9月1日撮影)

写真-31 南西側平庭全景

写真-32 南西側平庭復元全景

写真-33 北西側流れ石組、石積み復元

写真-34 北西側築山石組、植栽復元

写真-35 傘亭前階段、築山石組復元

写真-36 寄せ灯籠周辺既存飛石復元

写真-37 南側より北側フジスロープ、北側平庭復元

写真-38 傘亭前階段、築山石組、庭門前石組

写真-39　傘亭前階段、築山石組全景

おわりに

今回の復元工事で、半田たきが描いた美しい日本庭園の姿に近づいた。彼女がデザインした池中島、西側流れ、北側フジスロープ、鈴木慈什がデザインしたギャラクシーアイランドと名付けた池中央中島に掛けられた八橋周辺の石組等の箇所を蘇らせることができた。

半田たきの孫である星珠枝氏と2014年8月に東京新宿京王プラザでお会いする約束をしていたが、お体の具合が悪くお目にかかることができなかった。2015年1月に亡くなられ、復元を楽しみにされていたのにとても残念である。星珠枝氏の願いでもあった庭園復元の完成が目の前であった。

今後の復元作業は、2016年5月2日〜 5月9日に北側フジスロープ周辺の植栽工事、南側庭門石敷き工事、西側お社園路掘り出し復元工事等の第5期復元工事、2016年8月19日〜 9月3日の予定で第6期復元工事を実施。9月3日は特別公開が予定され、11月からは一般公開が行なわれることになった。

1 第5期復元工事

1)-1 作業日程、作業内容

2016年5月2日〜5月9日

作業は福原成雄指導、福原チーム、イギリスチームが行なう。

(1) 北側フジスロープ サクラ、モミジ、ツバキ、ツツジ植栽
(2) 庭園全体の園路復元（排水も含む）
(3) 木橋踏石設置
(4) 南門下部石張り工事
(5) 西側お社参道掘り出し復元工事

1)-2 作業者

福原成雄

松川純也　NPO緑の蝶々所属

菱井　愛　momiji design LTD
　　　　　　CMLI Landscape Architect

水野大次郎　庭師（ロンドン在住）

マーク（Marc Sinclair）　庭師（ロンドン在住）

カーラ（Carla Amorim）　庭園愛好家（スペイン在住）

1)-3 復元工事作業内容

(1) 2016年5月2日 雨後曇り

作業時間　8:00〜16:00（4名＋0名）

①作業者：福原、松川、菱井、カーラ　4名
②作業内容：雨のためグラスゴー近くのcraigmarloch植木ナーサリーにて、フジスロープ・流れ周辺植栽のため植木選定と買付、午後現場確認、段取り打ち合わせ、大工と細部の打ち合わせ。

写真-1　ナーサリーにてフジスロープ、北側庭園周辺植栽樹木選定

(2) 2016年5月4日 晴れ

作業時間　8:00〜17:00（4名＋0名）

①作業者：福原、松川、菱井、カーラ　4名
②作業内容：南西側平庭水鉢給水管埋設作業、排水管埋設、お社前石畳み掘り出し作業。

写真-2　南西側平庭水鉢給水管作業

(3) 2016年5月4日 曇り時々雨

作業時間　8:00〜17:00（6名＋0名）

①作業者：福原、松川、菱井、カーラ、水野、マーク　6名
②作業内容：フジスロープ周辺配植、植栽作業。

写真-3 北側斜面配植、植栽工事

(4)2016年5月5日 晴れ後曇り

作業時間 8:00 ～ 17:00(5名＋0名)

①作業者：福原、松川、菱井、カーラ、水野 5名

②作業内容：フジスロープ周辺配植、植栽作業。

写真-4 フジスロープ配植、植栽工事

(5)2016年5月6日 晴れ

作業時間 8:00 ～ 17:00(6名＋0名)

①作業者：福原、松川、菱井、カーラ、水野、マーク 6名

②作業内容：植栽、水鉢前石設置、南門石敷き設置

写真-5 水鉢前石設置工事

(6)2016年5月7日 曇り

作業時間 8:00 ～ 17:00(8名＋0名)

①作業者：福原、松川、菱井、カーラ、水野、マーク、JGSグレアム夫妻 8名

②作業内容：植栽、南門石張り、西側お社参道掘り出し復元工事

写真-6 参道石畳復元工事

(7)2016年5月8日 曇り

作業時間 8:00 ～ 17:00(5名＋0名)

①作業者：福原、松川、菱井、JGSグレアム夫妻 5名

②作業内容：植栽、南門石張り

写真-7 南門石張り工事

(8)2016年5月9日 晴れ

作業時間 8:00 ～ 17:00(5名＋3名)

①作業者：福原、松川、菱井、JGSグレアム夫妻 5名
デービッド（ユンボオペ）、ジャスティン（大工）、大工手伝 3名

②作業内容：植栽、仕上げ工事、片付け

写真-8　寄せ灯籠設置工事

2 - 第6期復元工事

2)-1　作業日程、作業内容

2016年8月20日〜2016年9月3日
作業は福原成雄指導、福原チーム、イギリスチームが行なう。

(1)北側門（計画予定地）周り植栽工事、園路復元

(2)南西側平庭新設枯山水仕上げ工事

(3)池中央中島の植栽工事

(4)庭園全体の園路復元（排水も含む）

(5)設備工事（電気、給水、排水等）

(6)池中央中島四阿、中島に架かる反橋（木橋）、北側門等造園は建築工事と同じ時期に行なう

2)-2　作業者

福原成雄

松川純也　　NPO緑の蝶々所属

菱井　愛　　momiji design LTD
　　　　　　CMLI Landscape Architect

アーサー

水野大次郎　庭師（ロンドン在住）

井関由利子　大阪芸術大学建築学科2年生

山本　朋　　大阪芸術大学建築学科2年生

山田　秀　　大阪芸術大学建築学科2年生

前田　匠　　大阪芸術大学建築学科2年生

井坂匠吾　　大阪芸術大学建築学科2年生

2)-3　復元工事作業内容

（1）2016年8月20日　曇り

作業時間　8:00〜16:00　（2名＋0名）

①作業者：福原、菱井　2名

②作業内容：作業段取り、現場確認、段取り打ち合わせ、craigmarloch植木ナーサリーにて樹木選定

写真-9　ナーサリーにて流れ周辺植栽樹木選定

（2）22016年8月21日　晴れ

作業時間　8:00〜17:00（2名＋0名）

①作業者：福原、菱井　2名

②作業内容：枯山水白砂敷き工事準備

写真-10　植栽、白砂数量算出

（3）2016年8月22日　曇り時々雨

作業時間　8:00〜17:00（2名＋1名）

①作業者：福原、菱井　2名
　デービッド氏（ユンボオペ）　1名
②作業内容：南西側平庭新設枯山水白砂
　敷き土工事準備

写真-11 南西側平庭新設枯山水白砂敷き土工事

(4) 2016年8月23日　晴れ後曇り

作業時間　8:00 ～ 17:00（2名＋1名）
①作業者：福原、菱井　2名
　デービッド氏（ユンボオペ）　1名
②作業内容：南西側平庭新設枯山水白砂
　敷き土工事

写真-12 南西側平庭新設枯山水白砂敷き土工事

(5) 2016年8月24日　晴れ

作業時間　8:00 ～ 17:00（4名＋1名）
①作業者：福原、松川、菱井、水野　4名
　デービッド氏（ユンボオペ）　1名
②作業内容：南西側平庭新設枯山水白砂
　敷き土工事、飛石手直し

写真-13 南西側平庭新設枯山水白砂敷き準備工
事、飛石設置工事

(6) 2016年8月25日　曇り

作業時間　8:00 ～ 16:00（9名＋1名）
①作業者：福原、松川、菱井、水野、井関、山
　本、山田、前田、井坂　9名
　デービッド氏（ユンボオペ）　1名
②作業内容：南西側平庭新設枯山水植栽
　工事、白砂敷き土工事

写真-14 南西側平庭新設枯山水路床砂利敷き工事

(7) 2016年8月26日　曇り

作業時間　8:00 ～ 17:00（9名＋2名）
①作業者：福原、松川、菱井、水野、井関、山
　本、山田、前田、井坂　9名
　デービッド氏（ユンボオペ）、手伝　2
　名
②作業内容：南西側平庭新設枯山水植栽
　工事、白砂敷き土工事

写真-15 南西側平庭新設枯山水縁留め設置工事

(8) 2016年8月27日　曇り後晴れ

作業時間　8:00 〜 17:00 (4名＋0名)

①作業者：福原、松川、菱井、水野　4名

②作業内容：生垣工事、園路工事、南西側平庭新設枯山水白砂敷き土工事

写真-16 南西側平庭新設枯山水縁留め工事

(9) 2016年8月28日　曇り

作業時間　8:00 〜 17:00 (4名＋0名)

①作業者：福原、松川、菱井、水野　4名

②作業内容：南西側平庭新設枯山水白砂敷き土工事、お社参道玉石敷き工事

写真-17 南西側平庭新設枯山水路床砂利転圧工事

(10) 2016年8月29日　曇り後時々晴れ

作業時間　8:00 〜 17:00 (9名＋2名)

①作業者：福原、松川、菱井、水野、井関、山本、山田、前田、井坂　9名

　　デービッド氏 (ユンボオペ)、手伝　2名

②作業内容：お社参道玉石敷き工事、ベンチ設置工事、四阿取付き飛石設置工事、南西側平庭新設枯山水縁留め芝生、苔植栽工事

写真-18 南西側平庭新設枯山水縁留め芝生植栽工事

(11) 2016年8月30日　曇り

作業時間　8:00 〜 16:00 (9名＋0名)

①作業者：福原、松川、菱井、アーサー、井関、山本、山田、前田、井坂　9名

②作業内容：四阿取付き飛石設置工事、南西側平庭新設枯山水路床転圧、防根シート敷設

写真-19　南西側平庭新設枯山水防根シート敷設、四阿前景石、飛石設置工事

(12) 2016年8月31日　曇り
作業時間　8:00 〜 16:00（9名＋0名）
①作業者：福原、松川、菱井、アーサー、井
　関、山本、山田、前田、井坂　9名
②作業内容：南西側平庭新設枯山水白砂
　敷き工事、ベンチ床石敷き工事、仕上げ
　工事

写真-20　南西側平庭新設枯山水白砂敷き工事

(13) 2016年9月1日　曇り
作業時間　8:00 〜 16:00（9名＋2名）
①作業者：福原、松川、菱井、アーサー、井
　関、山本、山田、前田、井坂　9名
　デービッド氏（ユンボオペ）、手伝　2名
②作業内容：樹木剪定、南西側平庭新設枯
　山水周り苔張り、園路工事、八橋取付き
　石敷き工事、仕上げ工事

写真-21　既存灯籠笠、中台保存配置、仕上げ工事

(14) 2016年9月2日　曇り
作業時間　8:00 〜 16:00（4名＋2名）

①作業者：福原、松川、菱井、アーサー　4名
　デービッド氏（ユンボオペ）、手伝　2名
②作業内容：仕上げ工事

写真-22　南西側平庭新設枯山水完成

(15) 2016年9月3日　曇り後雨
作業時間　8:00 〜 12:00（4名＋0名）
①作業者：福原、松川、菱井、アーサー　4名
②作業内容：ロバート卿 誕生パーティー

写真-23　ロバート卿 誕生記念「写楽園」特別公開

3‐復元工事完了写真
（9月3日撮影）

写真-24 南側南門入口復元全景

写真-25 南門復元全景

写真-26 南東南門から西側庭園復元全景

写真-27 南東八橋から西側庭園復元全景

写真-28 池中央中島復元全景

写真-29 復元された庭園を散策するロバート卿

写真-30 池中央中島の日本から運ばれた狸石造物、水
鉢全景

写真-31　南側園路から北側庭園復元全景

写真-32　四阿、北側フジスロープ復元全景

写真-33　南西側平庭新設枯山水全景

写真-34　南西側平庭新設枯山水全景

写真-35　南西側平庭新設枯山水全景

写真-36　南西側平庭新設枯山水全景

写真-37　南西側平庭新設枯山水全景

写真-38　四阿復元全景

写真-39　雪見灯籠復元全景

写真-40　北西側流れ復元全景

写真-41　南西側平庭新設枯山水全景

写真-42　北側より四阿、雪見灯籠復元全景

写真-43　西側中島、沢飛、岩島、州浜復元全景

写真-44　西側中島より南西側四阿、平庭枯山水全景

写真-45　西側中島に架かる木橋復元全景

写真-46　西側中島より南西側四阿、平庭枯山水全景

写真-47　北西側平庭既存春日灯籠笠、宝珠保存配置

写真-48　北西側平庭、寄せ灯籠復元全景

写真-49　北西側平庭寄せ灯籠復元

写真-50　北側斜面春日灯籠設置

写真-51　北側フジスロープより南側庭園復元全景

写真-52　建築学科学生井上瑚雪の筆による庭園名扁額

写真-53　庭園名の心を映したかのような復元庭園

おわりに

今回の工事では、南西側平庭新設枯山水完成、北側門（計画予定地）周り植栽工事、池中央中島の植栽工事、庭園全体の園路復元（排水も含む）を行なった。

ロバート卿の誕生日に合わせて、特別公開が9月3日4日の2日間盛大に行なわれた。

第1期工事から第6期工事の内容を以下に整理する。

第1期復元工事（2014年7月1日〜6日）

　浚渫工事の確認、伐採樹木の指示、現況測量等を主に行なった。

第2期復元工事（2014年8月25日〜9月13日）

　中島の復元工事、池護岸復元工事、新設枯山水石組工事を主に行なった。

第3期復元工事（2015年3月7日〜3月19日）

　池中央中島復元工事、各種石造物の設置、植栽工事を主に行なった。

第4期復元工事（2015年8月12日〜9月1日）

　フジスロープ造成、西側流れ石組護岸、北側飛石復元工事、築山石組工事、植栽工事を主に行なった。

第5期復元工事（2016年5月2日〜5月9日）

　植栽工事を主に行なった。

第6期復元工事（2016年8月20日〜9月3日）

　南西側平庭新設枯山水の完成、園路工事を主に行なった。

　庭園の復元、庭園新設工事をほぼ完了し、今後は、図―1の将来計画図に基づき寄附を求め、集まり次第に順次建物を建築し、庭園整備を行なう予定である。

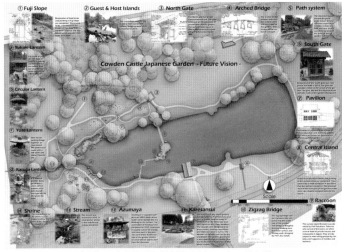

図-1　庭園復元・作庭完了図、将来計画図（2016年10月作成）

参考文献

1)「世界漫遊旅行者と庭園－エラ・クリスティの日本旅行とコーデン城の日本庭園－」橘セツ（2008年12月）『神戸山手大学紀要』10号

2)「園芸家半田たきの明治後期の英国留学―家族史とライフヒストリー/ライフジオグラフィーの視点から」 星珠枝、橘セツ（2011年12月）『神戸山手大学紀要』13号

3)『想ひ出の記』中目たき（1954年）協栄新聞社出版局

4)「Handa Taki (1871-1956)」
JILL RAGGETT,YUKA KAJIHARA-NOLAN AND JASON NOLAN BRITAIN & JAPAN: BIOGRAPHICAL PORTRAITS VOLUME VIII

5)「ジル・ラギット博士調査報告書」（2007年）ジル・ラギット　平野エバンス智美翻訳（2008年）

6)「スコットランド・コーデン城日本庭園の成立について」福原成雄（2014年12月）『大阪芸術大学紀要』(37) pp69-82,

7)「スコットランド・コーデン城日本庭園の復元について」福原成雄（2015年2月）『大阪芸術大学紀要』(38) pp67-83,

8)「スコットランド・コーデン城日本庭園の復元について-その2」福原成雄（2015年12月）『大阪芸術大学紀要』(39) pp85-96,

9)「スコットランド・コーデン城日本庭園復元工事について」福原成雄（2016年3月）『ランドスケープ研究』 第80巻　増刊
　技術報告集　No.9 2017 公益社団法人 日本造園学会　pp16-21

chapter 3

維持管理について　「庭の命をつなぐ」

日本庭園作庭では、必ず設計者が使用石材、樹木選定を行ない、現場で地割、造成、石組、植栽、仕上げ、意匠全般の指示をする。決して妥協は許されない。そして、作庭後の維持管理がさらに重要である。庭は生き物である。愛情を持って接することでより美しくなる。日常の管理、年間管理、10年以後に大規模な管理が必要になる。庭園施設（庭門、四阿、竹垣、園路）の老朽化に伴う修繕や、池の補修、枯山水の白砂の補充などである。

設計者は定期的に庭園を訪れ、それらの問題を把握して適切に対処する必要がある。庭は作庭から一生の友となる。

今までに、キューガーデン、タットンパーク、ロスチャイルド、イートンプレイスには、イギリスに行くたびに時間を見つけて訪問している。そのことについて紹介する。

キューガーデン内日本庭園では、管理マニュアルを作成して維持管理を行なっていたが、現在は活用されているか疑問である。

やはり、現場での問題把握、指示対応が重要である。

キューガーデン内日本庭園では、専属のスタッフが日常的に維持管理を行なっている。

タットンパーク内日本庭園では、専属のガーデナーが定期的に維持管理を行なっている。最近、英国日本庭園協会がボランティアでタットンパークの維持管理に参加している。

ロスチャイルド美術館内日本庭園では、専属のガーデナーが日常管理を行なっている。当初隔年で維持管理を行ない、2011年に、鹿おどし、橋、竹垣の修繕、2016年に四阿、門の屋根、駒札、鹿おどし、人止め柵、水琴窟の修繕を行なった。

イートンプレイスでは、維持管理のガーデナーを雇い、週一で維持管理を行なっている。清掃、防虫、砂紋描きなどを行なっている。

1. イギリス・キューガーデン内日本庭園
The Japanese Landscape in Royal Botanic Gardens Kew

1 - 維持管理指導の目的

　キューガーデン内日本庭園は勅使門の修復に伴い、新たな緑化空間を創出するために庭園（Garden）ではなく、造園（Landscape）として作庭された。

　本指導は、1998年3月に作成された「キューガーデン内日本庭園維持管理マニュアル」に従って、キューガーデン内日本庭園の植栽植物の育成管理に関する技術協力を行なうこと、また、世界的に評価の高い伝統文化である日本庭園を日英共同で維持管理することによって、日英親善と両国の文化交流を一層深め、本庭園が益々その機能と役割を発揮し、多くの人々に愛され親しまれ続けることを目的に1998年5月に実施したものである。

2 - 維持管理計画の指針と方針

　キューガーデンから出された要望、設計意図、空間構成、景観構成、景観ポイン

ト等をふまえて庭園全体に関する景観管理計画の指針、景観ポイントに関する景観管理計画の方針を以下の通りとした。

(1) 庭園全体に関する景観管理計画の指針

①本庭園の各ポイントからの景観が、樹木の過剰成長によって、奥行き、余剰、変化、バランス等を失わないようにする。

②景観の核となるべき樹木や石組などが樹木の成長によって被圧されたり、隠されたりしないようにする。

③樹種ごとの成長の差を管理作業で調整し、主木と添景木が逆転しないようにする。

④剪定を適切に行ない、樹形を整える。

⑤高木の成長が過剰となり下木を被圧したり、あるいは下木が成長しすぎて、そのバランスを崩したりしないようにする。

⑥園路沿いの景観木とその周辺の樹木のバランスが崩れ、景観木が本来の機能を損なうことがないようにする。

⑦景観ポイントなどでは、補植、移植、除去などを含めた総合的な維持管理を行なう。

⑧樹木管理のみならず、マルチング、中耕などの土壌管理をきめ細かく行なう。

(2) 景観ポイントに関する景観管理計画の方針

①景の釣り合い

日本庭園は、庭木、池、流れ、岩組その他の庭園工作物で構成されているが、その背景あるいは添景となる植栽のマッスによって魅力が引き出されるものである。従って日本庭園における植栽管理とは、植物の健康な成長と美観の維持を図るだけでなく、他の景観工作物と共に一つのまとまりのある景、構成のバランスを維持する作業である。

②石組に対しての庭木

植え込みの中に置かれている庭石に対しては、その全体を丸見えにせず、緑の枝葉で見え隠れするように庭木が植栽されている。この緑の枝葉を放置しておくと数年のうちに繁茂し、石がすっかり隠れてしまう。そのために常時、剪定や切り透かしをして、当初の状態、またはそれに近い状態を維持する必要がある。また、石を据えた場合、根締めの植物をその周辺に植えることによって石が安定する。この植え方は、石につき過ぎることなく、離れることなく植えることが大事である。手入れをする場合にもこのことを念頭におき、石に強く当たっている枝は剪定し、石から離れている状態になっている場合は、石に付けるようにしてやる必要がある。この場合でも、樹木があまり繁茂してしまうと石が隠れてしまうので適度に切り込んでおく必要がある。

③露地庭

灯籠を落ち着いた姿で観賞するため、灯籠の後には常緑樹を植えることが多い。

入口から入って園路の正面に据えられた三斉灯籠の後ろには大きなヒマラヤ杉の枝が張り出している。ここはヒマラヤ杉と三斉灯籠とのバランスを維持するようにヒマラヤ杉が三斉灯籠を覆い隠さないように注意して枝を切りつめて維持管理をする。

また、織部灯籠と、二重升形手水鉢の周辺にアセビ、ヤツデ等の植物を植えることによって、露地庭の落ち着いた感じを醸し出しているので、露地庭の管理は、これら低木が成長し過ぎ、飛石、延べ段、灯籠、手水鉢等を隠して雰囲気を壊してしまわないようにする。そのためは丸く刈り込むのではなく自然な感じで枝抜き管理をする。

④枯山水庭

枯滝（雄滝）の奥の三本の松は、一本は滝口を構成している石組が「立石」であるので、これを安定させるため、後ろの二本は背景のヒマラヤ杉と一体となって深山幽谷の雰囲気を醸し出すために植えられている。したがって、滝口近くの松は、滝口に覆い被さるように、また、滝口とのバランスによって高さを考えながら仕立て、後ろの二本は自然の成長にまかせ成長過程で、枯枝の除去等の管理を行なう。

雌滝の後ろに植えられた低木の高さは、滝の背景としてはあまりにも低すぎるので二、三年成長を見ながら滝とのバランスを考えて枝抜き管理をする。将来は刈り込み管理も考えられる。流れ、池護岸の低木の管理は、成長を見ながら景石との高さ、バランスを考えて枝抜き、刈り込みを行なう。

池周辺の地被の管理は、密に茂るように成長を見ながら補植、間引きを行なう。

3 景観管理計画の設定

本庭園の景観管理計画は、キューガー

デンが行なっている従来の自然状態に近い管理方法に、日本の剪定技術をどのように組み入れられるかが肝である。上記の景観管理指針と方針に基づき、確かな剪定技術により時間の経過に伴う管理を行なう必要がある。さらに現場での種々の問題を解決し、景観の創出、維持を図るためにも次の二通りの管理を平行して行なう必要が考えられる。

(1) 臨時的景観管理計画（日本の造園技術者による一時的管理）

樹木の剪定及び除去などの作業を行なう臨時的な管理で、この計画は現状の問題点を明らかにすると共に、今後の方針を決定する重要なものである。(財)都市緑化技術開発機構派遣の造園技術者による試験管理に基づき、キューガーデン造園技術者との綿密な協議により策定されるのが最善と考えられる。

(2) 恒常的景観管理計画（キューガーデン造園技術者による日常管理）

築造後の庭園景観を良好な状態で維持していくための恒常的な管理である。臨時的景観管理計画を補足し、景観を常に良好な状態に維持していくためのものである。

※剪定の目的

「剪定」とは美しい樹形を作るとともに、美しい花を咲かせ、実を多くつけること、病気や害虫に対する抵抗力をつける目的で行なう。

また、周囲の環境に調和した大きさや、高さに制限した樹形を維持する。

4 - 年間管理計画の設定

　キューガーデンという世界をリードする植物園内の日本庭園であること、外国である特殊性から、今後の臨時的管理、恒常的管理に基づいて年次計画の策定を行ない、キューガーデン造園技術者の作業の円滑化を図る。

5 - 管理手法の設定

　管理手法の具体的な指針については、今後の臨時的管理計画で行なわれる試験管理、キューガーデン監督者、現場造園技術者との協議に基づき、景観ポイント、樹木別の管理手法が設定される。

6 - 今後の課題

　外国での庭園管理作業を遂行するには、豊富な経験と高度な技術者を必要としている。こうした庭園管理者技術者の育成、確保が問題である。
　また、景観を維持していくためには、単に植物の維持管理のみでは対応できない再設計の必要な部分が生じてくる。これらの解決方法としては、両国の学識経験者、造園設計者、造園技術の専門家からなるキューガーデン日本庭園維持管理連絡協議会の組織化が考えられる。

(1) 管理日程
　　1998年5月20日〜 5月31日

(2) 管理者

福原成雄

(3) 管理内容
　　①管理マニュアルの説明
　　②選定の指導
　　③補植の指導
　　④改修作業の確認

(4) 作業日程
5月20日：ロンドン着
　・現場にて生育状況管理状況確認。
5月21日：KEW着
　・管理マニュアルの補足説明。
　キューガーデン内日本庭園現場にて
　・キューガーデン現場スタッフ（Kewスタッフ）に植栽の管理指導、ならびにKewスタッフ立ち会いで、補植、改修箇所の確認。
　Kew事務所にて
　・改修計画について協議。
5月22日：チェルシーフラワーショーの見学。
5月23日：キューガーデン内日本庭園現場にて
　・成育状況の調査。
5月24日：休日
5月25日：休日
5月26日：キューガーデン内日本庭園現場にて
　・Kewスタッフに地被の補植作業を指示、作業。
　・フッキソウ、シダ、ヤブラン、タマリュウ等をKewスタッフに剪定指示、作業。
　・マサキ、ウツギ、ツバキ、ヤツデ、フッ

キソウ、ササ、ボケ等の花柄取り作業。

5月27日：タットンパーク内日本庭園の調査。

5月28日：キューガーデン内日本庭園にて
・掃除、水撒き、砂紋描き。
・天皇陛下、皇后陛下のお出迎え。
・建築、庭園の管理マニュアル確認事項、管理作業完了確認に立ち会う。

5月29日：kew 事務所にて

・今後の建築メンテナンスについて打ち合わせに立ち会う。

キューガーデン内日本庭園現場にて
・改修作業の打ち合わせ。
①入口部 ②勅諸問西側斜面 ③勅諸問説明石回り ④高浜虚子の句碑周辺 ⑤顕彰碑回り ⑥蹲踞回り

5月30日：英国出国

5月31日：日本帰国

キューガーデン内日本庭園維持管理マニュアル（1998 年 3 月作成）

1. 維持管理の目的

日本と英国の庭園様式は自然風景式という共通点がある。世界的に評価の高い伝統文化である日本庭園を日英共同で整備することで、日英親善と両国の文化交流を一層深める事を図った。

そこで、現在の樹木の生育状況、管理状況を確認し、設計当初の植栽景観の意図等の再検討を行ない、これからの庭園管理のあるべき姿を考える。また、管理計画によって本庭園が益々その機能と役割を発揮し、多くの人々に愛され親しまれ続けることが、この計画立案の意義であり、この主旨を活かすことができる維持管理マニュアルを作成することが目的である。

2. 植栽・施設の維持管理の検討

景観管理計画は、設計協議でキューガーデンから出された要望に基づき、設計意図、空間構成、景観構成、景観のポイント等を考慮、検討し維持管理指針、管理方針の設定をする。

設計意図

勅使門は、16 世紀後半の桃山時代を代表する建造物である。

ジャパニーズゾーンは、桃山文化を「動と静と和」で表象している。

桃山時代の庭園の特色は主に二つあり、一つは城郭建築の力強さを取り入れ、雄大な石組を有する林泉式庭園、枯山水庭園である。例としては、京都醍醐寺三宝院庭園や勅使門のある西本願寺虎渓の庭などがある。

二つ目には、千利休が大成した茶道のもと、侘びの趣を表した茶庭がある。

茶の庭は表門から茶室に至る園路を中心とした小さな庭で、自然の姿、山間の景、大自然の面影を小規模な露地の中に縮めて表したものである。

以上の特色を踏まえて、勅使門を中心に躍動感と静寂感に溢れ、且つ多様・多彩な庭園空間とした。日本庭園は多くの様式を生み出しているが、いつの時代にも共通して求め続けているものは、自然風景をモチーフにした美しい理想の世界であり、自然の再現、理想化であるといえる。

＊**本庭園の特色**

(1)勅使門の時代様式を表現した。

　桃山時代の庭園様式を代表する雄大な石組の枯山水庭園と、茶庭を作っている。

(2)　ダイナミックバランスによる調和を表現した。

　勅使門の力強さと華やかさ、及び周辺樹木の生き生きとした迫力と調和する躍動感を地形と石組と量感のある植栽等で表現した。

(3)多彩・多様な空間の質を表現した。

　力強さ、華やかさ、繊細さ、柔らかさといった多様な感覚を持った空間を表現した。

(4)求心性と拡散性を持った空間を作っている。

(5)周辺環境と調和した空間を作っている。

3. 空間構成

「動と静と和の空間構成」「回遊式」

　＊勅使門南側の傾斜地、平坦地を「動の空間」とした。

　＊勅使門西側の Holly Walk より勅使門に至る空間を「静の空間」とした。

　＊勅使門正面北側、及び周辺を動と静が出会う「和の空間」とした。

4. 景観構成と景観のポイント

(1)「静寂の庭」は、勅使門西側の Holly Walk からの入口と、露地庭から構成されている。

入口は、勅使門が最も美しく眺められる位置に設け、ジャパニーズゾーンとして分かりやすい形態にしている。入口には、庭園全体の説明板（切石に陶板をはめ込んだ）を配置している。

露地庭は静寂を表す庭で、主園路をはずれたブランチの部分に、飛石、延段、蹲踞、灯籠を配置し、周辺の大らかな空間から露地の緻密な空間へ誘い、心の切り替えを図っている。また、傾斜地には、捨て石を配石して山間の景を表している。

　　・主園路（霰こぼし）の景

・蹲踞の景
　　・灯籠（織部型）の景
　　・灯籠（六角型）の景

⑵「融和の庭」は、勅使門正面北側、及び周辺部の広庭。

露地庭から抜け出て、勅使門に相対する広がりを持った場所である。

ここは勅使門を仰ぎ見る石畳の広場と、勅使門に向かう苑路の石畳、そして勅使門を取り巻くように散策できる苑路からなっている。

顕彰碑（自然石に銅板エッチングはめ込み）、勅使門説明板（切石に陶板はめ込み）、高浜虚子の句碑（根部川石に彫り込み移設）、句碑説明板（切石に既存銅板はめ込み）、木製ベンチ等を配置している。

⑶「躍動の庭」は勅使門南側の傾斜地、平坦地部分で、石庭、観賞広場から構成されている。石庭は桃山時代の石組の特色である雄大さを表した枯山水の庭としている。また、庭園の左は立石により雄大な枯滝（雄滝）を表し、これから左右に石を組んで渓谷と渓流を作っている。それとは対照的に右に伏せ石を多用して落ち着いた枯滝（雌滝）を表している。池には、左右に亀島、鶴島の中島（神仙島）を配置している。神仙島を表現する庭園様式は、庭を永遠の表象として、その所有者に祝福を与える意味を持っている。

松、鶴、亀は瑞祥として今日なお日本人の生活に生きている。

また、中島に架かる石橋は、英国と日本の友好の架け橋を表している。

南面観賞広場から仰ぎ見る勅使門の力強さとシンボル性を枯山水の石組によって強く表現し、石庭が対峙する事によって緊張感を生み、躍動感に溢れた庭とした。広場には、和風のベンチを配置している。

⑷勅使門西側の傾斜地には、岩組を配し、勅使門から岩組にかけて低木を植栽して山地の様を表している。

⑸勅使門を取り巻く園路は、各庭園を結ぶとともに、勅使門、樹木、石組等を観賞しながら散策を楽しめる段差のない、庭園にふさわしい土舗装の園路とした。

⑹庭園植栽は、既存樹木を庭園景観に有効に取り込み、新植の樹木については、各々の庭園形態と調和のとれた日本的な樹種を配植している。

植栽は、「遮り」「見え隠れ」等の日本庭園の技法を活用し、場所に応じて華やかな雰囲気になるよう演出している。

2. フランス・ロスチャイルド美術館内日本庭園
The Japanese Garden Villa Ephrussi de Rothschild
2003年、日本テレビヨーロッパが窓口となり修復、作庭した日本庭園の維持管理を当初は隔年で実施し、その後は要請により行なっている。

1 −2005（平成17）年度 ロスチャイルド美術館内 日本庭園維持管理

（1）維持管理日程
2005年3月29日〜 4月4日

（2）管理者・設計者
館長：ドガリエフ氏
庭園チーフ：アンドレ氏
日本庭園担当：セドリック氏
福原成雄
辻井博行　（株）辻井造園
アンジェラ　通訳

（3）管理内容
①植物の剪定と生育状況の確認、竹垣、藤棚、四阿、鹿おどし、鋪装、水琴窟等の庭園施設の状態確認と補修。
②ロスチャイルド美術館のガーデナーに対する維持管理方法の指導。

（4）作業工程記録
①3月30日
　ドガリエフ館長と打ち合わせ
　打ち合わせ内容：今回の維持管理の内容説明、竹垣の棕櫚縄の取り替え、人止め柵の取り替え。

②4月2日
　人止め柵の交換、竹垣の拭き掃除、棕櫚縄の取り替え。

写真 -1　人止め柵

写真 -2　棕梠縄の取り替え

③4月3日
　前日の続き

写真 -3 人止め柵の取り替え

写真-4　人止め柵の取り替え

写真-5　人止め柵の取り替え

④4月4日

池上のトベラの剪定、鹿脅しの取り替え、ドガリエフ館長と今後の打ち合わせ。

今回の成果について報告、維持管理費の取り扱いについて説明。

日本庭園の維持管理費については当初2003年の取り決めで、日本テレビとロスチャイルド美術館との折半であることについて説明すると、ドガリエフ館長は初めて聞いたとの事であった。今回の日本テレビの維持管理予算とその半分の費用について説明したところ、今のロスチャイルド美術館としては、そんな余裕はないとのことで、もしそうであるとしたら今後考えさせていただくとのこと。なんとも情けない話である。

今後の維持管理について、日本テレビとロスチャイルド美術館とで話をしてもらう必要がある。海外で、特に世界中の観光客が訪れるロスチャイルド美術館日本庭園の維持管理は大変重要だ。そのことは、工事前から説明し、隔年で維持管理を行なうとしたのだが、ドガリエフ館長はあまり理解していないようだった。館長には、工事後、特に10年間は日本人スタッフ協力のもとでの維持管理が必要であると説明した。

写真-6　樹木剪定

写真-7　鹿おどしの取り替え

⑤4月5日　フランス出国

（5）維持管理完了写真

写真-8　維持管理完了

写真-9　維持管理完了

写真-10　維持管理完了

写真-11　維持管理完了

写真-12　維持管理完了

写真-13　維持管理完了

写真-14　維持管理完了

写真-15　維持管理完了

(6) 管理の問題点

水琴窟

2003年の工事から5年が経過しており、日常の管理不足から地下に埋めた瓶の底に落葉等が溜まり排水が出来なくなっており、そこに水が溜まり音が出なくなっていた。さらに、水鉢の給水では漏水があり、水が溜まらない。

早急に、修復の必要がある。ドガリエフ館長は、ロスチャイルドのスタッフで修理を考えているが、ロスチャイルドのスタッフでは微妙な音を出す水琴窟を修復することは困難と考えられる。ドガリエフ館長にもそのことを説明したがどこまで理解されたか疑問だ。

修復工事は一度瓶を掘り出し、排水パイプを取り付ける。同時に、小型ポンプを設置し、瓶に水が溜まった場合に強制的に排水をする。また、ポンプにより循環させることも検討する。

2-2011(平成23)年度 ロスチャイルド美術館内 日本庭園修復工事打ち合わせ

(1) 維持管理日程

2011年3月18日〜19日

(2) 管理者・設計者

館長:ドガリエフ氏
庭園チーフ:アンドレ氏
日本庭園担当:セドリック氏
設計者:福原成雄、浜本規子

(3) 管理内容

①ドガリエフ館長より現在抱えている問題点等を聞く。

1. 人止めの柵などを補修するための竹バンドや棕櫚縄が入手できないので竹材の日本的材料調達をお願いしたい。

2. 鹿おどしもネットショップで探したが本物は見つからなかった。

3. 福原教授と日本テレビが了解してくれるなら、1年に1度、そういった特殊な材料の提供を受けたい。

　→福原:帰国後相談します。

　1年毎:棕櫚縄、竹バンド(補充)

　2年毎:鹿おどし

　10年毎:松明垣、説明板駒札

4. 水琴窟周りの竹垣上部が空いており、来園者にゴミを入れられる。

5. 日本語のサイン(駒札)が壊れてきており、ロスチャイルド側では書けない。

6. 枯山水の白砂が緑色に変色してきている。

7. 南側園路玉石敷きを補給しようとしたが見つからない。

　ソテツが大きくなりすぎて通行の妨げになっている。

②庭園チーフのアンドレ氏、日本庭園担当のセドリック氏と庭園を歩きながら問題点を聞く。

庭園チーフのアンドレ氏(右)

1. 基本的に福原教授の意図を最大限に尊重し、管理したいと考えている。もし変えた方が良い点があれば指摘してほしい。
2. 枯山水横のソテツが日焼けするので他の植物に変えたい。
   →福原：横に植えられていた松の仲間で了承。
3. オリジナルの植物名が入った図面が欲しい。
   →福原：帰国後送る。
   可能なら季節の花を足したい。
   →福原：帰国後おすすめのリストを送る。
4. 南側園路玉石がなかったためグレーの砕石を足した。こちらではその方が、高級感があるため。→福原：日本らしいのは玉石なので探して欲しい。
5. アルカリ土壌のためツツジ類の土を3〜4年ごとに変える必要があり、かなり大変。

③その他の要望
1. ヤツデ2〜3本とハランを足す。
2. オリズルラン系は館長が嫌っているためシダ系のグランドカバーを足す。
3. シャクヤクを3本足す（小型、赤花）。
4. ソテツが成長しすぎて危ない、子供の目線あたりにくる部分は剪定する。

④庭園施設現況の問題点
1. 水琴窟、水、音が出ない状態、送水管が壊れ瓶の中に泥が入り込み、音がでない。
2. 入口門の竹垣が耐用年数を超え傷んでいる。
3. 水琴窟の竹垣が耐用年数を超え傷んで

いる。
4. 木橋の欄干が柱から外れている。
5. 鹿おどしが壊れている。
6. 筧が壊れ見苦しい。
7. 庭園施設説明の駒札が壊れている。
8. 四目垣が耐用年数を超え傷んでいる。
9. 人止め柵が耐用年数を超え傷んでいる。
10. 藤棚の竹が耐用年数を超え傷んでいる。
11. 枯山水白砂が緑色になってきている。
12. 霰こぼし園路の玉石が所々外れている。
13. 樹木管理、剪定、補植が必要な部分がある。
14. 入口 灯籠の足元が茂りすぎているためバランスが悪い。
15. 水道管が見えすぎている。

(4) 修復方法
①水琴窟修復
・瓶を掘り出し、泥を除去し、排水装置を新たに設置し定期的に泥の除去をする。
・送水装置の直しを行なう。

写真-1 水琴窟

②入口門の松明垣取り替え
・日本で制作、送付して取り付けを行なう。
・幅　右側800㎜（9本）左側1000㎜（12本）高さ1600㎜ 直径 100㎜

写真-2　松明垣

③水琴窟周りの松明垣取り替え
・日本で制作、送付して取り付けを行なう。
・幅2000㎜　高さ650-900㎜　合計17本
・もしくは簡易な四目垣に変え、施工する。

写真-3　松明垣

④木橋の欄干修復
・修復方法を検討する。

写真-4　木橋の欄干

⑤鹿おどし
・日本で制作、送付して取り付けを行なう。

写真-5　鹿おどし

⑥二箇所の筧
・取り替えを行なう。

⑦駒札取り替え
・日本で制作、送付して取り付けを行なう。
・日本語とフランス語表記の雪灯籠、水琴窟、織部灯籠、鹿おどし、筧、その他

写真-6　駒札取り替え

⑧四目垣取り替え
・四目垣交換　幅3000㎜　高さ800㎜

写真-7　四目垣取り替え

⑨人止めのロープ柵、竹柵の修復
・池　竹バンド、棕櫚縄、ロープ柵 16本
　高さGL＋300㎜

写真-8　人止めのロープ柵、竹柵の修復

⑩藤棚の竹取り替え
・現地調達し工事を行なう。
・竹交換 幅2500㎜

写真-9　藤棚の竹取り替え

⑪枯山水白砂の取り替え
・材料選定、数量を決定、現地調達し工事
　を指示する。
・砂紋 指導

写真-10　枯山水白砂の取り替え

⑫霰こぼし修復
・材料を現地調達し修復工事を行なう。

⑬低木、地被の補植
・樹種、数量を決定、現地調達をして植栽
　を指示する。

(5) 材料調達について

①日本で調達する材料で材料費見積が必
　要な物。
・棕櫚縄　・竹バンド
②日本で調達する材料で材料費・制作費
　見積が必要な物。
・松明垣　・駒札　・鹿おどし
③フランスで調達する材料
・藤棚の竹材　・筧竹材（ロスチャイルド
　美術館庭園内の竹を使用）
・砂利　・白砂
・園路石材　・人止用竹材（ロスチャイル
　ド美術館庭園内の竹を使用）

(6) 修復工事内容

・水琴窟・木橋・藤棚・松明垣・四目垣・補
　植・白川砂取り替え
・人止め柵設置・霰こぼしの補修・駒札設
　置・鹿おどし設置・筧設置

3 -2011（平成23）年度 ロスチャイルド美術館内 日本庭園修復工事

(1) 管理日程
2011年9月4日〜 9月8日

(2) 管理者・技術者
日本テレビヨーロッパ担当者：戸恒直

福原成雄
金森清正　金森一級建築士事務所
アンジェラ　通訳

(3) 管理内容
① 生育状況の確認、竹垣、人止め柵、鹿おど
　し、駒札、木橋等の庭園施設の修復工事。
② ロ・スチャイルド美術館のガーデナー
　に対する維持管理方法の指導。

(4) 作業日程
9月2日：休日（福原、金森）日本出国、リ
バプール着
関空発10:30/アムステルダム着15:25
KL868便
アムステルダム発16:25/リバプール着
16:45 KL1041便　B&Bリバプール泊
9月3日：B&Bリバプール泊
9月4日：フランスニース移動日（福原、
金森、アンジェラ）Frisiaホテル泊
9月5日〜9月8日：ロスチャイルド美術
館内日本庭園修復　Frisiaホテル泊
9月9日：ロスチャイルド美術館内日本庭
園修復　Mercureホテル泊
9月10日：ロンドンへ移動
ニース発11:50／ロンドン着13:00
BA347便　ロンドン泊　（福原、金森）
9月11日：休日　ロンドン泊
9月12日：休日　ロンドン泊
9月13日：イギリス出国（福原）
ロンドン発10:20／ヘルシンキ着
15:15　AY832
ヘルシンキ発17:20／関空着8:55
AY077
9月13日：イギリス出国（金森）

ロンドン発9:55／アムステルダム着
12:25　KL1008便
アムステルダム発14:40／関空着翌08:50
KL867便
9月14日：日本帰国　関空着8:50

(5) 作業工程記録
①9月4日：現場確認

写真-1 松明垣の状況確認

写真-2 松明垣の状況確認

②9月5日：修復工事打ち合わせ、送付資
材内容確認、修復工事

写真-3 修復作業内容打ち合わせ

写真-4 送付資材確認

写真-8 竹垣取り替え工事

写真-5 竹垣取り替え工事

写真-9 竹垣取り替え工事

写真-6 木橋修復工事

写真-10 松明垣補修工事

③9月6日：修復工事

④9月7日：補修工事

写真-7 竹垣取り替え工事

写真-11 人止め柵取り替え工事

写真-12 人止め柵取り替え工事

写真-13 筧取り替え工事

写真-14 鹿おどし取り替え工事

⑤9月8日：修復工事

写真-15 駒札取り替え工事

写真-16 駒札取り替え工事

写真-17 駒札取り替え工事

写真-18 駒札取り替え工事

写真-19 木橋補修完了

写真-20 鹿おどし補修完了

写真-21 竹垣取り替え完了

写真-22 袖垣、人止め柵取り替え完了

写真-23 東屋屋根確認、掃除

写真-24 補修工事スタッフ一同

4-2015（平成27）年度 ロスチャイルド美術館内 日本庭園修復工事調査

（1）管理日程
2015年8月21日〜 23日

（2）管理者
館長：ブルーノ氏
庭園チーフ：アンドレ氏
日本庭園担当：セドリック氏
日本テレビヨーロッパ担当者：布施優子氏、松川美樹氏
設計者：福原成雄、菱井愛

（3）現地調査及び修復工事内容打ち合わせ
2011年に維持管理を行なってから4年が経過し、竹垣類、鹿おどし、庭門、四阿の屋根（杉皮葺、押さえ竹等）が傷んできており取り替えが必要である。

館長のブルーノ氏、アンドレ氏、セドリック氏と庭園を歩きながら問題点を確認する。

①基本的に福原教授の意図を最大限に尊重し、管理したいと考えている。もし変えた方が良い点があれば指摘してほしい。

②入口門前四目垣の支柱が腐り倒れか
　かっている。
③筧の取り替えが必要である。
④池岸、橋、枯山水前の人止め柵の取り替
　えが必要である。
⑤入口門、四阿の桧皮葺、押さえ竹の取り
　替えが必要である。
⑥ソテツが大きくなりすぎて通行の妨げ
　になっている。
⑦ソテツが成長しすぎて危ないので子供
　の目線あたりにくる部分は剪定する。
⑧日本語のサイン（駒札）にフランス語
　表記がされていない。
⑨枯山水の砂紋かきを作って欲しい。

(4) 庭園施設現況問題点

①水琴窟、水、音が出ない状態、瓶の中に
　泥が入り込み、音が出ない。水は水道代
　が高額で止めている。
②入口門の松明垣が傾いており、清掃、組
　み直しが必要である。
③水琴窟の竹垣が耐用年数を超え傷んで
　いる。
④鹿おどしが壊れている。
⑤庭園施設説明の駒札にフランス語表記
　がされていない。
⑥四目垣が耐用年数を超え傷んでいる。
⑦人止め柵が耐用年数を超え傷んでいる。
⑧藤棚の竹が耐用年数を超え傷んでいる。
⑨樹木管理、剪定、補植が必要な部分があ
　る。
⑩入口 灯籠の足元が茂りすぎているた
　めバランスが悪い。

(5) 修復工事調査 (8月22日)

修復調査内容
①入口門：檜皮葺き屋根の檜皮を入れ替
　えて、全体的に磨く。
②表記看板：フランス語の説明をつけて看
　板をしっかり打つ。
③四目垣：竹材を新しいものに入れ替え
　て、新しい棕櫚縄で、現存の柱（入り口
　の柱は腐敗しており新しい物に入れ替
　える）に固定する。
1.入り口
直径20-30㎜ 幅7200㎜×高さ1200
㎜、柱 直径70㎜ 高さ1200㎜

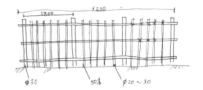

2.池の前
直径20-30㎜ 幅2410㎜×高さ900㎜、
柱 直径70㎜ 高さ900㎜

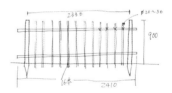

3.藤棚の前
直径20-30㎜ 幅2400㎜×高さ950㎜、
柱 直径70㎜ 高さ950㎜

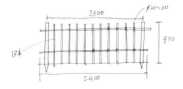

④人止め柵：竹材を新しいものに入れ替
えて、新しい竹バンド、棕櫚縄で、現存
の杭に固定する。
1.入り口後
幅7000㎜×2、杭高さ500㎜×両側合
わせて11本

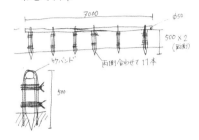

2.池の前
幅2400㎜×1

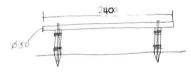

3.石橋の上
幅3400㎜×2

4.枯山水
幅2160㎜×1

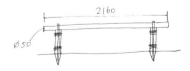

⑤筧：竹材を新しいものに入れ替える。

⑥鹿おどし、筧（直径50㎜）、鹿おどしの
竹（直径90㎜）を新しいものに入れ替
え、鹿おどしを修理する。

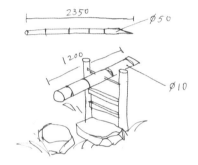

⑦四阿：杉皮葺きの檜皮を入れ替え全体
的に綺麗に磨き、柱の表面を磨いて防
腐剤を塗る。
⑧水琴窟：地中の瓶を掘り出して、ポンプ
式に入れ替える。
⑨竹柵（ななこ垣）：棕櫚縄の入れ替え、
結び直す。
⑩藤棚：竹材、棕櫚縄を新しく入れ替える。

(6) 修復工事内容
・水琴窟修復工事・藤棚修復工事・四目垣
修復工事・庭門屋根の修復工事
・四阿屋根の修復工事・人止め柵設置工
事・鹿おどし設置工事・筧設置工事

(7) 修復方法

①水琴窟修復

　瓶の掘り出し、泥を除去、排水装置を新たに設置し定期的に泥の除去をする。送水装置（循環ポンプ設置）直しを行なう。

②入口門の松明垣組み直し

　組み直して取り付けを行なう。右側の幅800㎜（9本）左側1000㎜（12本）高さ1600㎜ 直径100㎜

③水琴窟周りの四つ垣取り替え

④鹿おどし

　日本で制作、送付して取り付けを行なう。

⑤ 二箇所の筧

　取り替えを行なう。

⑥駒札にフランス語表記を行なう

　雪見灯篭、水琴窟、織部灯籠、鹿おどし、筧、その他

⑦四目垣取り替え

　四目垣交換 長さ3m 高さ800㎜

⑧人止めのロープ柵、竹柵（ななこ垣）の修復

　池岸 竹バンド、シュロ縄、ロープ柵16本 高さGL＋300㎜

⑨藤棚の竹取り替え

　現地調達し工事を行なう。竹交換 幅2500㎜

⑩砂紋かき

　日本で制作し送付する。砂紋 指導する。

(8) 材料調達について

①日本で調達する材料で材料費・制作費見積が必要な物。

・屋根材　・棕櫚縄　・竹バンド　・四目用

竹材　・鹿おどし

②フランスで調達する材料

・藤棚の竹材　・筧竹材（ロスチャイルド美術館庭園内の竹を使用）

・人止用竹材（ロスチャイルド美術館庭園内の竹を使用）

・循環ポンプ（ロスチャイルド美術館にて設備購入をお願いする。）

(9)現場確認、打ち合わせ(8月20日〜21日)

写真-1　館長のブルーノ氏、アンドレ氏、セドリック氏と共に現況確認

①庭門前四目垣の支柱が腐り倒れかかっており、修復工事が必要である。

写真-2　四目垣の状況

写真-3　四目垣の状況

②筧の取り替えが必要である。

写真-4　筧の状況確認

写真-5　筧の状況確認

③池岸、橋、枯山水前の人止め柵の取り替えが必要である。

写真-6　人止め柵の状況確認

写真-7　人止め柵の状況確認

写真-8　人止め柵の状況確認

写真-9　人止め柵の状況確認

④入口門、四阿の杉皮葺、押さえ竹が傷ん
でおり、取り替えが必要である。

写真-10　入口門屋根の状況確認

写真-11　四阿屋根の状況確認

⑤水琴窟、水、音が出ない状態（瓶の中に
泥が入り込む）、復元工事が必要である。

写真-12　水琴窟状況確認

写真-13　水琴窟状況確認

⑥鹿おどしが壊れかけており、取り替え
が必要である。

写真-14　鹿おどし状況確認

写真-15　鹿おどし状況確認

⑦四目垣が耐用年数を超え傷んでおり、
竹、棕櫚縄の取り替えが必要である。

写真-16　四目垣状況確認

写真-17　四目垣状況確認

⑧藤棚の竹が耐用年数を超え傷んでおり、竹、棕櫚縄の取り替えが必要である。

写真-18　藤棚の状況確認

写真-19　藤棚の状況確認

⑨日本語のサイン（駒札）にフランス語が表記されていない。

写真-20　駒札の状況確認

写真-21　駒札の状況確認

⑩入口門の松明垣組み直しが必要である。

写真-22　松明垣の状況確認

写真-23　松明垣の状況確認

⑪竹柵 (ななこ垣) 取り替え。

写真-24　ななこ垣の状況確認

写真-25　ななこ垣の状況確認

5-2016（平成28）年度 ロスチャイルド美術館内 日本庭園修復工事

(1) 管理日程
2016年2月29日〜3月14日

(2) 作業者
福原成雄
金森清正　金森一級建築設計事務所
松川純也　NPO緑の蝶々所属
菱井愛　momiji design LTD
堀川孟史　大阪芸術大学大建築学科副手

清水茉里奈　大阪芸術大学建築学科3年生
江川佳奈子　大阪芸術大学建築学科3年生
井上瑚雪　大阪芸術大学建築学科3年生
堀口城介　大阪芸術大学建築学科2年生
原純一　大阪芸術大学建築学科2年生

(3) 作業日程
2月29日：福原、金森、松川、堀川、江川、清水計6人日本出国
関西国際空港12:20発/パリドゴール空港17:00着　AF0291
パリドゴール空港18:30発/ニース空港20:00着　AF7708
ニース空港で菱井愛と合流　計7人
3月1日：現場確認 作業段取り打ち合わせ、準備作業
3月2日〜3月5日：現場作業
3月6日：休日
3月7日：現場作業
3月8日：現場作業
堀口、原、井上計3人日本出国
関西国際空港12:20発/パリドゴール空港17:00着　AF0291
パリドゴール空港18:30発/ニース空港20:00着　AF7708
ニース空港で合流　計10人
3月9日〜3月10日：現場作業
3月11日：現場作業
堀川、江川、清水計3人フランス出国
ニース空港10:45発/パリドゴール空港12:20着　AF7701
ドゴール空港 14:00発／関西国際空港翌9:45着　AF292
3月12日：現場作業
関西国際空港9:45着　堀川、江川、清水

計3名日本帰国

3月13日：休日

3月14日：福原、金森、松川計3名フランス出国　菱井愛　英国へ

ニース空港6:30発/アムステルダムスキポール空港8:35着　KL1260

アムステルダムスキポール空港 14:30発/関西国際空港翌9:35着　KL0867

3月15日：関西国際空港9:35着　福原、金森、松川計3名日本帰国

3月17日：堀口、原、井上計3名フランス出国

ニース空港10:45発/パリドゴール空港12:20着　AF7701

パリドゴール空港14:00発/関西国際空港翌9:45着　　AF0292

3月18日：堀口、原、井上計3名日本帰国

（4）修復工事内容

・水琴窟修復工事・藤棚修復工事・四目垣修復工事・入口門屋根の修復工事

・四阿屋根の修復工事・人止め柵設置工事・鹿おどし設置工事・筧設置工事

※ロスチャイルド美術館のガーデナーに維持管理方法の指導を行なう。

（5）修復方法

①水琴窟修復

　・瓶の掘り出し、泥を除去、排水装置を新たに設置し定期的に泥の除去をする。送水装置（循環ポンプ設置）の直しを行なう。

②入口門の松明垣組み直し

　・組み直して取り付けを行なう。幅右側800㎜（9本）左側1000㎜（12本）

高さ1600㎜　直径 100㎜

③水琴窟周りの四目垣取り替え

④鹿おどし

　・日本で制作、送付して取り付けを行なう。

⑤二箇所の筧

　・取り替えを行なう。

⑥駒札のフランス語表記を行なう。

　・雪見灯籠、水琴窟、織部灯籠、鹿おどし、筧、その他

⑦四目垣取替え

　・四目垣交換 幅3000㎜ 高さ800㎜

⑧人止めのロープ柵、竹柵の修復

　・池　竹バンド、棕梠縄、ロープ柵

⑨藤棚の竹取替え

　・現地調達し工事を行なう・竹交換 幅2500㎜

⑩砂紋かき

　・日本で製作し送付する。 ・砂紋 指導

（6）材料調達について

①日本で調達した材料

　屋根材・棕櫚縄・竹バンド・四目用竹材・鹿おどし・藤棚の竹材・筧竹材

②フランスで調達した材料

　・四目垣・人止め用木杭・人止め用竹材

（7）作業工程記録

①3月1日：現場確認

写真-1　ロスチャイルド美術館庭園管理者と顔合わせ

写真-2　作業前の現場確認

②3月2日：現場作業

写真-3　日本からの送付資材確認

写真-4　日本からの送付資材確認

写真-5　修復作業の準備

写真-6　修復作業の準備

写真-7　館長主催の歓迎朝食会

写真-8　四阿屋根の修復

写真-9　四目垣の修復

写真-10　入口門、四目垣の修復

③3月3日：現場作業

写真-11　松明垣の修復

写真-12　水琴窟の修復

写真-13　水琴窟の修復

写真-14　水琴窟の修復

写真-15　水琴窟の修復

写真-16　水琴窟の修復

写真-17　四目垣の修復

写真-18 松明垣の修復

④3月4日：現場作業

写真-19 駒札の修復

写真-20 日本庭園紹介講演

写真-21 修復材料の説明

写真-22 水琴窟の復元解説

写真-23 水琴窟の修復

写真-24 水琴窟の修復

写真 25 四阿の補修屋根資材の製作

写真-26　松明垣の修復

写真-30　コルビジェの墓地を見学

⑤3月5日：現場作業

写真-27　地被植物の補植

⑦3月7日：現場作業

写真-31　入口門の修復

写真-28　入口門の修復

写真-32　地元造園専門学校生に日本庭園の講義

⑥3月6日：休日

写真-29　エズ村からロスチャイルド美術館を望む

写真-33　地元造園専門学校生に補修内容解説

写真-34　鹿おどしの修復

写真-35　水琴窟の修復

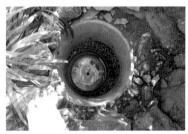

写真-36　水琴窟の修復

写真-37　竹バンドの製作

写真-38　入口門の修復

⑧3月8日：現場作業

写真-39　水琴窟の修復

写真-40　ななこ垣の修復

写真-41　ななこ垣の修復

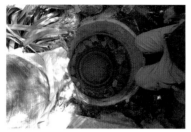

写真-42　水琴窟の修復

写真-43　水琴窟の修復

写真-44　水琴窟の修復

写真-45　水琴窟の修復

写真-46　水琴窟の修復

写真-47　人止め柵の修復

写真-48　人止め柵の修復

⑨3月9日：現場作業

写真-49　四目垣の修復

写真-50　松明垣の修復

写真-54　人止め柵の修復

写真-51　駒札の修復

写真-55　水琴窟の修復

写真-52　駒札の修復

写真-56　水琴窟の修復

写真-53　入口門の修復

写真-57　館長主催の昼食会

写真-58　館長主催の昼食会

写真-62　松明垣の修復

⑩3月10日：現場作業

写真-59　四阿屋根の修復

写真-63　藤棚の修復

写真-60　四阿屋根の修復

写真-64　藤棚の修復

写真-61　人止め柵の修復

写真-65　四目垣の修復

写真-66　四目垣の修復

写真-70　補修工事スタッフ一同

⑪ 3月11日：現場作業

写真-67　入口門の修復

⑫ 3月12日：現場作業

写真-71　藤棚の修復

写真-68　四阿の修復

写真-72　藤棚の修復

写真-69　藤棚の修復

写真-73　四阿屋根の修復

(8) 完了写真

写真-74　四阿屋根の修復完了

写真-75　修復作業の完了

写真-76　修復作業の完了

写真-77　水琴窟修復作業の完了

写真-78　四目垣修復作業の完了

写真-79　修復作業の完了

写真-80　修復作業の完了

写真-81　修復作業の完了

写真-82　修復作業の完了

写真-83　入口門修復作業の完了

写真-84　筧、駒札修復作業の完了

写真-85　修復作業の完了

写真-86　鹿おどし修復作業の完了

写真-87　修復作業の完了

6 -2020（令和2）年度
ロスチャイルド美術館内
日本庭園修復工事調査予定

(1) 調査日程

令和2年3月8日〜 10日

2016年3月に水琴窟、四阿、竹垣等を修

復した。あれから4年が経過し、現在、どの様な問題が起こっているか、心配は水琴窟と四阿、入口門、松明垣の状態である。館長、現場スタッフの方々に現状の問題と、提案等について整理をお願いしている。

chapter 4

日本庭園文化紹介講義「庭によりそう」
作庭ワークショップ「庭を楽しむ」

1. 英国における日本庭園紹介

2004年〜2019年の15年間、タットンパーク、キューガーデン、日英協会、ジャパニーズガーデンソサエィー、カルダーストーン友の会等の主催により、日本庭園の歴史、様式、技術の座学と、小規模庭園の設計、施工、維持管理の紹介講座を行なってきた。2004年に開催されたタットンパークでの取り組みと2009年に開催されたカルダーストーンパーク内日本庭園維持管理の取り組みを中心に、その内容と英国の人々が日本庭園に対してどのように考えているのかを紹介する。

1 2004年英国 タットンパークでの取り組み

(1) 開催目的

　2001年に、タットンパーク内日本庭園の修復を指揮した筆者が、タットンパークと共同で、英国の方々を対象に、誰でも優しく学べる日本庭園の講習会を行なった。それに伴い、日本庭園文化と関わりの深い"書""花"を紹介し、タットンパーク内日本庭園と和の融合を感じてもらお

うと企画した6日間の取り組みである。

(2) 開催場所

タットンパーク
Tatton Park, Knutsford, Cheshire WA16 6QN England
最寄り空港　マンチェスター国際空港
最寄駅　Knutsford駅 (2mile)

(3) 開催場所の概要

　チェシャー、マンチェスター近郊に所

タットンパークへの行き方
タットンパーク年間イベントに掲載された記事

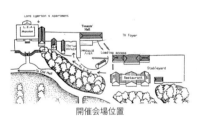

開催会場位置

開催会場全体写真

在するタットンパークは、タットン領主エジャトン家の領地（全体面積約800ha庭園面積約20ha）として約400年にわたって拡張整備されてきた。1960年からは、英国ナショナルトラストにより維持管理が行なわれ、チェシャー地方議会によって運営されている。RHS（英国王立園芸協会）が主催する三大フラワーショーの一つが行なわれる庭園としても有名である。タットンパーク内の日本庭園（面積約0.2ha）は、1910年頃に第三代アラン・デ・タットン・エジャトン卿が日本の職人を招き作庭されたとされ、庭園内には日本家屋、神社、各種灯籠、富士山等を表した建築や造形物が配置されている。庭園にはヒノキ、モミジ、ツツジ等の日本の植物が植えられ、紅葉の季節になると赤や黄色に彩られた自然の芸術が、訪れる人々の目を楽しませている。

この日本庭園の修復事業は、1999年大阪芸術大学海外研修制度により筆者が行なった調査をきっかけに、2000年9月から2001年3月まで行なった（協力：大阪芸術大学環境計画学科・（財）日本万国博覧会記念協会・（財）都市緑化技術開発機構・英国ナショナルトラスト）。英国ナショナルトラストは、1895年に設立された民間非営利団体で、英国の歴史的建造物や自然を後生に残すことを目的としている。2003年に100周年を迎えた。

（4）開催日程

2004年9月25日〜 2004年9月30日

（5）開催内容

■講習会

日本庭園の知識・技術・文化を学ぶ

Day 1:

2004年9月25日 10:00 〜 16:00（5時間）

日本庭園の様式とデザインを学ぶ

・日本庭園の歴史（飛鳥時代から明治時代）

・日本庭園の様式（池泉・枯山水・露地など）

・日本庭園の石組

・日本庭園の植栽

・日本庭園の庭園施設（灯籠、水鉢、竹垣等）

Day 2:

2004年9月26日 10:00 〜 16:00

（5時間）

日本庭園の設計実習①

日本庭園のトレース、表現を学ぶ

（庭園図面トレース）

Day 3:

2004年9月27日 10:00 〜 16:00（5時間）

日本庭園の設計実習②

日本庭園の設計方法を学ぶ

（小庭園：3000㎜×3000㎜の敷地に日本庭園の設計）

Day 4:

2004年9月28日 10:00 〜 16:00

（5時間）

小日本庭園の作庭実習①

露地庭の作庭実習（屋外）

（飛石の据え方、蹲居の据え方、灯籠の据え方、延べ段の据え方、竹垣の配置と作り方、植栽の配植方法）

Day 5:

2004年9月29日 10:00 〜 16:00

（5時間）

小日本庭園の作庭実習②

枯山水の作庭実習（屋外）

（景石の据え方、砂紋の描き方、植栽の配植方法）

場所：タットンパーク内 日本庭園にて

リーダー：福地純二（(株)辻井造園）

協力：ジャパーニーズガーデンソサエティー

ワークショップ内容：男結びの結び方

日本庭園の四目垣に棕櫚縄を使って"男結び"を作る。

■筆者が英国で作庭した主な日本庭園をパネルにして展示

> ### 「福原成雄の日本庭園の世界」
> Room1,Room3 44.2㎡（8.2m × 5.2m）
>
> ─企画・作成　大阪芸術大学環境デザイン学科─
>
> | | |
> |---|---|
> | 1998年 | 英国王立キューガーデン内日本庭園 |
> | 1999年 | 英国タットンパークフラワーショー日本庭園 |
> | 2001年 | 英国タットンパーク日本庭園修復 |
> | 2001年 | 英国チェルシーフラワーショー出展日本庭園 |
> | 2001年 | ウェールズ植物園内日本庭園 |
> | 2002年 | フランスロスチャイルド美術館内日本庭園 |
> | 2003年 | 英国王立園芸協会ウィズレーガーデン内ロックガーデン修復 |

(6) 参加者のアンケート

参加者　154名　（うちアンケート回答者59名）

1）本日のイベントはいかがでしたか。

とても満足（30）、満足（20）、どちらでもない（4）、回答なし（5）

2）日本文化の理解に役立ちましたか。

とても役立った（33）、役に立った（17）、どちらでもない（2）、あまり役に立たなかった（1）、回答なし（6）

3）イベントをどのように知りましたか

会館のHP（23）、会館パンフレット（2）、その他のサイト（7）、SNS（7）、人から聞いて（12）、ニュースレター（17）

4）これまで日本文化に関するイベントに参加したことがありますか。

初めて（34）、2〜5回（17）、6〜10回（2）、10回以上（5）

5）今後も日本関連イベントに参加したいですか。

はい（48）、いいえ（3）、回答なし（8）

6）性別

男性（25）、女性（35）

7）年齢

18歳未満（1）、18〜29歳（7）、30〜39歳（8）、40〜49歳（9）、50〜59歳（15）、60歳以上（19）

8）職業（多いものから5つ抜粋）

学生（8）、会社員（7）、教師（4）、退職者（4）、フリーランス（3）

9）コメント

①とても興味深かった

②立派な造園家だと思った

③講演者がとてもプロフェショナルだった

④庭園の哲学について掘り下げて欲しかった　など

10）どのような日本文化イベントに関心がありますか（多いものから6つ抜粋）

食文化（8）、建築（5）、美術（5）、武道（5）、音楽（4）、伝統・衣装（4）

2 キューガーデンでの取り組み

1995年から庭園の整備を始め、以後毎年、維持管理で訪問している。2006年からは、日本庭園紹介講座とし午前中に講義、午後からキューガーデン内日本庭園にて、見学しながら説明をし、教室に戻り日本庭園の設計図を作成し、それに対してアドバイスする講座を3年間行なってきた。2010年からは、1日では時間が足りないので、2日間の日程で開催されている。

3 ジャパニーズガーデンソサエティーでの取り組み

タットンパークで行なった講座で、ジャパニーズガーデンソサエティーでも毎年、開催を行ないたいと要望があり、毎年、各支部のメンバーに対して行なっている。

4 カルダーストーンパークでの取り組み

2008年、2009年、2010年、2011年と日本文化紹介講座を行なった。

カルダーストーンパークには、イギリス人によって作庭された日本庭園があり、カルダーストーンパーク公園管理者によって日常管理が行なわれている。

最初、日本庭園を管理する公園管理者とカルダーストーンパーク日本庭園愛好者からなぜこの場所に日本庭園が作られ

たのか、日本庭園についてもっと知りたい、日本庭園をどのように維持管理をして良いのか教えて欲しいとお願いされた。2008年、北西日英協会主催によってカルダーストーンパーク会議室にて、日本庭園の歴史、様式、作庭技法、維持管理の方法についての講演を行なった。その後、カルダーストーンパーク友の会、英国日本庭園協会が加わり、講座と日本庭園での維持管理の実技との2日間のプログラムで行なった。

(1) カルダーストーンパーク

カルダーストーンパークは、リバプール市アラートン地区にある。新石器時代（約5,000年前）の6つの岩の遺跡があることから、その名が付けられた。19世紀初頭にカルダーストーンの6つの岩は解体され何度か移転された。現在、公園内のガラスハウス内にある。6つの岩は、幾何学的な不規則な砂岩である。中世に、カルダーストーンパークの土地は、1583エーカー（640ha）として整備されていた。

1726年、土地商人のトーマス・マーティンによって売却された。

1825年、鉛、ショットメーカーのジョセフ・ウォーカー氏が、38haの土地を取得。

1875年、不動産業者のサミュエル・キュナードによって買収された。

1905年、リバプール市に公園として売却された。

1914年、ハートヒル不動産の土地が追加されて49haの面積となった。

1931年、メイン入口であるフォーシー

ズンズの入口からイチイの並木が植えら
れた。

　1935年、英国王ジョージ5世とメアリ
王妃即位25周年を記念し、並木が追加し
て植えられ、リバプールの最も美しい公
園として市民に親しまれている。

写真-1　カルダーストーンパークの案内板

写真-2　有名な樹齢1000年の樫の木

写真-3—日本庭園現況

写真4—日本庭園現況

（2）カルダーストーンパーク日本庭園

　日本庭園建設当時の公園職員で、建設
に関わったスティーブ氏に話を聞いた。
日本庭園は、1970年代当時の園長であっ
たハーリーバクリー氏（2007年没）がス
ケッチを描き、ガーデナーによって作ら
れた。

　庭園は、樹木の幹、葉の色により計画的
に植栽が行なわれた。滝の落ちる音、流れ
の音、鹿おどしの音がどこからでも聞こ
え、園路は、庭園の景色が見えるように作
られた。

ハーリーバクリー氏の描いたスケッチ

ハーリーバクリー氏の描いたスケッチ

(3) 維持管理の問題

①樹木が大きくなりすぎた。樹木を植えすぎた。

②入口の竹垣がなくなった。

③当初は、苔であったが砂利に変わってしまった。

④玉石を敷いていたが安全のためにモル

タルで埋め込まれた。

⑤灯籠が三基あったが現在は一基である。

⑥池は広く、護岸に木杭があったが埋められた。

⑦沢飛びはアイルランドの玄武岩を使っている。

⑧景石は砂岩で苔がつきやすい。

⑨滝には鏡石が据えられ、礼拝石、三尊石組、牛石が据えられていたが一部がなくなっている。

⑩橋には竹の手すりが付けられていたが、現在はなくなっている。

⑪当初、竹の簀、水鉢があったがなくなっている。

⑫車椅子で庭園内に入れなかったが、現在は、飛石、石橋等の段差をなくして入れるようになった。その結果平坦になっている。

⑬当初、枯山水の庭があったが現在はなくなっている。

⑭当初、竹の藤棚があったが現在はなくなっている。

(4) 2009年カルダーストーンパーク維持管理

樹木管理は、当初の設計意図を読み取ることから始まる。

①庭の姿を考える。

5年後、10年後、20年後と樹木の成長に合わせて樹形を整える。

②何を見せるのか。石、池、樹木の姿、刈込み、石とのバランス、池とのバランス、樹木どうしのバランスなど。

③低木の切り戻し、笹類の切り戻し、紅葉の剪定、実生木の取り除き。

④掃除。
⑤維持管理作業前の現況写真

写真-5.6　入口部分の現況

写真-9.10　滝石組、池州浜の現況

写真-7.8　入口から園内の現況

写真-11.12　石橋、筧、水鉢、低木植栽の現況

写真-13.14　沢飛び、舗装、高木植栽池の現況

写真-15.16　休憩所の現況

⑥維持管理作業写真

写真-17　低木の刈込み切り戻し

写真-18　日本食の弁当　昼食

写真-19　低木の刈込み切り戻し

写真-20　モミジの剪定透かし重なり

写真-21　掃除完了

(5) 参加者のアンケート

①庭にはあまり興味がない、けれど今日一日はとても良かった。

②日本庭園と日本の文化の関係についてもっと知りたい。

③とても楽しかった。剪定の実地練習はとても役に立っている。

④剪定のテクニックについて

⑤剪定の実地練習をもっと知りたい。たとえば「雲」の剪定の場合どの枝を切るべき、どれを残すか、どれを固定するのか。

⑥一日中とても楽しかった。私は日本庭園協会が作った日本庭園があるウィロウブルック公園で働いている庭師として、とても参考になりました。

⑦色々な日本庭園の様式、たとえば禅宗、神道などを知りたい。

(6) 今後の課題（2008年10月発表）

①日本庭園維持管理の手段

②日本庭園の理解

③英国での庭園管理者の育成

④維持管理の方法

⑤日本庭園を通した交流

おわりに

　2009年9月12日（土）北西日英協会、英国日本庭園協会、カルダーストーンパーク友会のメンバーが中心となって、樹木の維持管理を行なった。2010年も引き続き行なうことが決定され、若い技術者の育成をどうすれば良いかが話し合われた。実際の現場で樹木の剪定管理を行なうことがなかなかできないので、どうすれば良いのかも話題になった。タットンパーク内日本庭園が2010年で100周年を迎え、日本で研修した職員が、英国で維持管理を指導している。今後は英国人による日本庭園維持管理指導組織が必要である。

5 年度毎の取り組み内容

■2006年

(1)9月3日　バーミンガム植物園
英国日本庭園協会主催　日本庭園の説明

(2)9月7日　キューガーデン
キューガーデン主催　日本庭園の説明と案内

(3)9月13日　ネスガーデン
北西日英協会とネスガーデン主催　1日セミナー

(4)9月14日　タットンパーク
日本庭園協会主催　日本庭園の説明と案内

■2007年

(1)9月1日　タットンパーク
日本庭園協会主催　日本庭園の説明案内　47名

(2)9月2日　ネスガーデン
北西日英協会とネスガーデン主催　セミナー

(3)9月5日　ハムプトン・コート・パレス
ロイヤルパークス主催

(4)9月6日　キューガーデン
キューガーデン主催　1日セミナー　10:30～

16:00　18名
(5)9月8日　シェフィールド植物園
日本庭園協会主催　1日セミナー

■2008年

(1)8月28日　ピータースフィールドの薬草園
日英協会主催 日本庭園紹介講座
(2)8月31日　カルダーストーンパーク
北西日英協会主催　日本庭園の説明案内
(3)9月4日　キューガーデン
キューガーデン主催　セミナー　24名
(4)9月6日　ハドローカレージ
日本庭園協会主催　1日セミナー

■2009年

(1)9月12日　カルダーストーンパーク
北西日英協会主催 日本庭園維持管理指導
(2)9月14日　カルダーストーンパーク
カルダーストーンパーク友の会主催　日本
庭園文化紹介講座

■2010年

(1)9月12日　ハーローカー
英国日英協会、RHSハーローカー主催　日
本庭園の基礎知識セミナー
(2)9月4日　カルダーストーンパーク
北西日英協会主催　日本庭園維持管理の講
座と実技
(3)9月14日　カルダーストーンパーク
カルダーストーンパーク友の会主催　日本
庭園文化紹介講座

■2011年

(1)4月28日　キューガーデン
キューガーデン主催　日本庭園紹介講座
(2)5月2日〜7日　タットンパーク
タットンパーク主催　日本庭園紹介講座
日本庭園作庭ワークショップ
(3)8月3日　カルダーストーンパーク

カルダーストーンパーク友の会主催　維持
管理講座

■2012年

(1)5月26日　Reflections on Debussy
音楽祭　マンチェスター・ブリッジウォー
ターホール
「音色を楽しむ庭園の風景海外での日本庭園
づくり」講演

■2013年

(1)8月22日　ピータースフィールドの
薬草園
英国南東日英協会主催　「日本庭園の歴史と
文化」講演
(2)8月24日　ウィロウブルックホスピス
英国北西部日本庭園協会主催　「日本庭園の
歴史と文化」講演

■2016年

(1)8月22日　イタリア国立21世紀美術館
国際協力基金ローマ日本文化会館主催　「蘇
る海外の日本庭園改修・復元・作庭」講演

■2017年

(1)6月15日　ローマ日本文化会館
国際交流基金ローマ日本文化会館主催
「ローマ日本文化会館日本庭園の魅力につい
て」講演

■2018年

(1)2月13日　マドリード王立植物園
国際交流基金マドリード日本文化センター主催
「日本庭園の心と技―日本庭園の見方と楽し
み方―」講演
(2)2月14日　バリャドリッド大学
国際交流基金マドリード日本文化センター主催
「日本庭園の心と技―日本庭園の見方と楽し
み方―」講演

1 作庭ワークショップの意義

海外で初めて行なったワークショップは、タットンパーク日本庭園である。海外で作られた日本庭園では、その後の維持管理方法が分からずに庭園施設が補修できないまま放置されたり、植えられた植物が予想外の成長をし、庭園景観を壊していることが多く見受けられる。筆者は日本庭園の修復、復元、改修、作庭の依頼により、これら庭園の実態調査によって庭園状況を確認し、どのように修復、復元、改修、作庭を行なえば良いのかを調査報告書、図面にまとめ提案を行なっている。

次に大切なことは庭園所有者、庭園管理者、庭園愛好者に修復、復元、改修、作庭、維持管理方法を知ってもらうことである。

そのために考えたことが、ワークショップの開催である。

ここではローズマリー邸、コーデン城でのワークショップについて紹介する。ワークショップには次の3つの方法がある。

(1) 庭園管理者技術者に対して行なう維持管理技術のワークショップ

作庭された庭園の維持管理方法についてのワークショップを行なう。

既存の日本庭園、筆者が作庭した日本庭園をフィールドにして、作庭の設計意図、庭園の維持管理方法、樹木剪定の目的について説明を行ない、樹木剪定の技術

を実際に経験する。

キューガーデン内日本庭園、カルダーストーンパーク内日本庭園、ロスチャイルド美術館内日本庭園、タットンパーク内日本庭園にて開催した。

(2) 日本庭園愛好家の参加者が設計から施工を行なうワークショップ

敷地、材料を提供し参加者が、設計から施工までのワークショップを行なう。

3m×3mの敷地に、石（手で持てる大きさで、大、中、小）、植物（手で持てる大きさで、樹木、低木、地被）をあらかじめ用意する。参加者には敷地と材料を見てもらい、この場所にどの様な日本庭園が相応しいのかを検討してもらう。平面図、スケッチを描き、プレゼンをして、参加者の投票で作る庭を決定する。作庭する庭が決まると、設計者がリーダーとなり、参加者の協力を得て、作庭工事を行なう。

1日だけのワークショップであれば、午前中に庭園平面図を作成し、施工庭園を決定する。午後から作庭を始め、4時ごろには終了する。

2日であれば、1日目にデザイン、平面図、スケッチ図の作成とプレゼンを行ない、1案を選定して、2日目の準備を行なう。

2日目は、午前中に作庭を行ない、午後から手直しを行なう。

完成後、設計者が作庭に関して解説をし、その後、筆者ができあがりに対して問題点、良い点の意見を述べ、どこの部分を手直しをすれば庭がより日本的になるか

を指導する。

シェフーイルド植物園、メルボルン大学、コーデン城にて開催した。

(3) 個人宅の庭を日本庭園に作り変えるワークショップ

依頼があった個人宅の庭園を使って、作庭方法のワークショップを行なう。1日から2日で行なう。

筆者が事前に現場を確認し、作庭図面を作成。石材、樹種を手配し、ワークショップ前日に地割、配石、配植の準備をする。

ワークショップ当日、今回作庭する作庭意図、デザイン案の説明を行ない、仮の地割、配石、配植に基づいて造成、石組、植栽と施工を行なう。作庭しながらも石の配置、植栽の配置の考えを説明する。

完成後、再び出来上がりについて総評を行なう。

ローズマリー邸にて開催した。

2 ローズマリー邸でのワークショップ

(1) 英国日本庭園協会スコットランド支部主催　作庭ワークショップ

ローズマリー邸庭園作庭

現地調査：2013年3月8日〜9日

ワークショップ日程：2013年8月29日〜9月1日

参加者：英国日本庭園協会スコットランド支部のメンバー

作業者：

福原成雄

アンジェラ　通訳

松川純也　庭まつかわ

堀川孟司　大阪芸術大学大学院M2

上田知樹　大阪芸術大学環境デザイン学科3年生

薮内祐基　大阪芸術大学環境デザイン学科3年生

(2) 現地調査庭園状況（2013年3月9日）

写真-22　北側からの庭園現況

写真-23　南側からの庭園現況

写真-24　西側からの庭園現況

写真-25　西側からの庭園現況全景

（3）筆者作成のワークショップ作庭図面

　3月9日に現地を訪問し、ローズマリー氏、英国日本庭園協会スコットランド支部のメンバーとお会いして、どのような庭園を希望されているのかお聞きした。現在の地形を活かした枯山水の庭を、日本庭園協会スコットランド支部のメンバー20名程が参加してワークショップで1日で作って欲しいと依頼された。1日ではとてもできないので作庭準備に2日、ワークショップで1日の日程で引き受けた。早速、長生と繁栄を願って「鶴亀」をテーマにした枯流れと枯池図面を作成、送付し、ローズマリー氏に了解していただき、石材と植栽材料の手配をスコットランド支部のメンバーにお願いした。

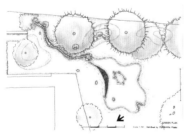

図-1 平面図

図-2 スケッチ図

（4）ワークショップ前日（2013年8月29日〜31日）

写真-26 計画地に位置出し

写真-27　使用材料の運び入れ

写真-28　使用材料の運び入れ

写真-29　使用材料の運び入れ

写真-30 使用植物

写真-31　作庭準備作業

写真-32 作庭準備作業完了

写真-33　作庭準備作業完了

（5）ワークショップ当日（2013年9月1日）

写真-34　入口にワークショップ開催の案内

写真-35　参加者に作庭の作業説明

写真-36　枯流れ石組の説明

写真-37　枯流れ石組作業

写真-41　枯流れ植栽工事

写真-38　枯池石組の説明

写真-40 枯流れ植栽の配植説明

写真-39　枯池保護シート設置作業

(6) 完成写真

写真-42 枯流れ完成

写真-43　枯流れ全景

写真-44 枯池完成

写真-45 枯池全景

写真-46 庭園完成後の意見交換

写真-47 完成後の庭園を観賞

（7）ローズマリー邸庭園拡張工事（2020年2月27日〜3月3日、7日）

　2019年8月庭園維持管理実態確認のために訪問、手直しと拡張工事を依頼され、2020年2月から3月拡張工事を行った。

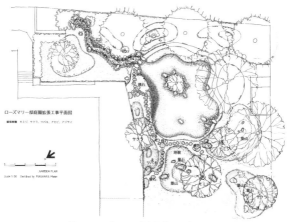

図-3 ローズマリー邸庭園拡張工事平面図

3. スコットランド・コーデン城日本庭園四季の文化交流公演展示

1

–2018（平成30）年度
日本万国博覧会記念基金
助成金交付申請内容

下記の内容で2018年に申請し、採択された。
申請事業:
コーデン城日本庭園四季の文化交流公演展示
連絡窓口:
主担当者　大阪芸術大学建築学科教授
　　　　　福原成雄
副担当者　Momiji design LTD 代表
　　　　　菱井　愛
（1）概要及び計画
①国際文化交流 -1　春のイベント
　『桜祭り、子ども会とお茶会』
　5月4日（土）、5日（日）頃実施。日本の
　伝統的な花見、子ども会、茶道の紹介、
　雅楽または筝曲の披露。お花見、お茶、
　筝曲は奈良時代から平安時代にかけて
　日本庭園の中で盛んに楽しまれた催し
　である。これ等の催しを庭園の中で来
　園者に経験していただく。
②国際文化交流 -2　夏のイベント
　『夏祭り』
　8月18日（土）、19日（日）頃実施。大太
　鼓の演奏、薪能と出店。
　夏祭りは日本の農村や庶民の娯楽とし
　て楽しまれてきた。来園者は、幽玄な景
　色の中で演じられる大太鼓と薪能と共
　に出店を楽しむ。
③国際文化交流 -3　冬のイベント
　『庭の四季』
　ドラーアカデミーにて、3月初旬に実

施。コーデン城日本庭園の復元にまつ
わる復元・作庭方法についての講義、ま
た日本庭園管理技術のワークショップ
を行なう。
（2）期　　間: 平成30年4月1日〜平成31
年3月30日（合計6日間）
（3）実施地: スコットランド　コーデン
城内日本庭園
（4）入場者・参加者等
入場者・参加者（期間中述べ人数）
人数:1,000人（内日本国外の方:1,000人
[イングランド、スコットランド、ウェー
ルズ、アイルランド]）
有料の場合　料金:
2,000円 又は1,500円
スタッフ・関係者（期間中述べ人数）
人数:30人（内日本国外の方:20人[イン
グランド、スコットランド]）
（5）国際性
2016（平成28）年9月3日、4日にスコッ
トランドコーデン城内日本庭園にて庭園
の一般公開ティーパーティーを開催し、
復元工事計画並び、国際交流活動につい
て広報を行なう。イングランド、アイルラ
ンド、スコットランドより650人が参加
した。
（6）広報計画
地元新聞、RHS月刊雑誌にこの事業の
掲載、BBCスコットランドによるテレ
ビ番組のなかでの事業の紹介、地元の美
術館、学校商業施設でのポスター展示が
予定されている。また、スコットランドで
は、在エジンバラ日本国総領事館、英国日

本庭園協会、スコットランド歴史協会、日本では、日本スコットランド協会、大阪芸術大学建築学科、それぞれの団体がホームページなどでこの事業を紹介する予定である。

(7) 事業の理念、目的

コーデン城日本庭園は、1907年エラ・クリスティ（冒険家;1861-1949）が日本を訪れ日本庭園を鑑賞した際、その美しさに感動し、日本庭園を作りたいと熱望し、1908年に園芸学校に留学中の日本人女性、半田たき（1871-1956）に設計、施工を依頼して作庭が進められ、その後、鈴木慈什（1877-1937）、マツオシンザブロウ（不詳-1937）が関わり整備完成された。

2012年から2017年までに行なわれたコーデン城日本庭園復元計画では、その歴史的、芸術的、生態自然学的、考古学的な価値が復元され、またそれを将来的に維持していくための計画が開発者サラ・スチュアート（エラ・クリスティの曾姪孫）と計画当局の間で合意され、大阪芸術大学建築学科福原教授ら日本からの専門家の支援を受け、現在も復元作業と管理作業が進められている。コーデン城日本庭園復元の最終目的は、この庭園が英国並びスコットランドと日本の間の文化交流活動の中心地になり、英国並びスコットランドでの日本文化の理解をコーデン城日本庭園を通じて深めることである。100年以上も前に作られた歴史的価値のある庭園で、元々日本庭園の中で楽しまれた四季の行事や公演、活動を文化交流の一環として行ない、日本文化と日本の芸術の理解を英国並びスコットランドで深めるということが当事業の目的である。

(8) 万博理念との適合性

1645年鎖国開始から200年が経ち、日本が西洋との交流を再開すると、日本と諸外国間で文化交流、物流、ビジネスが盛んに行なわれるようになった。英国とスコットランドにも貴族や富豪によってたくさんの日本の物品、装飾、芸術品、植物、さらには建築物などもたくさん持ち込まれ、ジャポニズムの潮流の一端となった。1908年から建設が始められたコーデン城日本庭園はこの潮流の象徴ともいえる。

現在でも、日本と英国並びにスコットランドの間では文化交流、物流、ビジネスが盛んに行なわれている。現在、1900年代初期に作られた日本庭園ではたくさんの英国並びにスコットランドの技術者が庭園管理の業務を行なっている。しかし、日本庭園の作庭、管理の技術、また、それらにまつわる庭園芸術の精神哲学は、技術の向上を図るためにもっと理解が必要である。また、この日本庭園を訪れる来園者の理解も必要である。

元々日本庭園の中で楽しまれた四季の行事や芸能を実際に来園者に経験していただくことで、日本の伝統文化と芸術に対する理解を深め、これから西洋で発展し浸透していく日本文化の将来のために貢献するということがこの事業の目標である。

(9) 万博基金助成の必要性

これまで、事業主の出資により4年間に

渡る復元工事が行なわれた。未だ庭園の一部は復元と整備を要するが、2016年9月初旬に2日間に限り庭園を一般に公開することができた。2018年には一般にオープンされることを計画しているが、公共交通機関が庭園の所在地の近郊になく、かねてから庭園へのアクセスが問題となっている。これらの理由で、実際の来園者の数は予測よりも少ないと思われる。この事業を広く広報することで、来園者数の増加につなげたいと考えている。さらに、日本の伝統的な四季の行事や芸能の魅力を伝えることを目的にしている。鑑賞だけの庭園ではなく、庭園を舞台に日本の様々な伝統芸能文化を来園者に知っていただくことを目的にしている。

(10) 申請団体概要

申請団体名：The Japanese Garden at Cowden Castle

代表者氏名：Sara Stewart

設立年月：2014年8月14日

ホームページURL：http://www.cowden castle.com

団体設立目的：The Japanese Garden at Cowden Castle（SCIO）は慈善目的でのみ設立されている。その目的は、芸術、遺産、文化、科学の進歩である。また環境保護や改善の進歩にも貢献する。

沿革：

2008年　コーデン城日本庭園がサラ・スチュワートに引き渡される。

2012年　庭園と景観がスコットランド歴史協会のインベントリに指定される。

2014年　大阪芸術大学福原成雄教授に復元計画を委託する。

2014年〜2017年　福原成雄教授の指揮で地元の建設、造園業者、英国日本庭園協会並びに大阪芸術大学学生からのボランティアの協力を受けて復元工事を行なう。

活動実績：2014年〜2017年、コーデン城日本庭園復元計画は、1960年代のバンダリズムと嵐で建物が破壊され、また、長い時間の経過によって生い茂った木々や低木で覆われ元の姿をほとんど確認できなかった庭園を、考古学的発掘調査にはじまり、復元整備するところから始めた。2015年には厳格な日本の建築原則に基づいて新たな四阿を建設。2016年にはオリジナルデザインによって南門を建設。庭全体の復元、庭園園路の第1層が敷かれた。2016年9月に特別公開を行なった。

2 –2018（平成30）年度 コーデン城日本庭園 四季の文化交流公演展示 の実施内容

(1) ポスター、チラシの内容

日程：2018年9月1日、2日

場所：スコットランド　コーデン城内日本庭園

講演展示内容：『庭の四季』『夏祭り』

大太鼓の演奏、歌謡、和装着物の着付け、出店、日本庭園復元・作庭の講演、日本庭園作庭技術のワークショップ。

①コーデン城日本庭園復元内容、作庭について講演

②日本庭園管理技術のワークショップ

(2) 実施当日の状況

コーデン城日本庭園四季の文化交流展示 − 1

写真-48 実施内容の報告パネル

コーデン城日本庭園四季の文化交流展示 − 2

写真-49　実施内容の報告パネル

コーデン城日本庭園四季の文化交流展示 − 3

写真-50 実施内容の報告パネル

コーデン城日本庭園四季の文化交流展示 − 4

写真-51　実施内容の報告パネル

3 –2018（平成30）年度
助成事業の実施内容及び成果に関する報告書内容

実施内容について下記の報告書を作成し提出した。

(1) 事業名：コーデン城日本庭園四季の文化交流公演展示

(2) 目 的：コーデン城日本庭園は100年以上も前に作られた歴史的価値のある庭園で、2012年に始まった復元工事は現在でも進行中です。最終目的はこの庭園を日本文化交流活動の場のひとつとしてスコットランド、英国、ヨーロッパに認知されることです。イベントを通じて古くから日本の庭園で楽しまれた 四季の行事や公演、活動を行なうことで現地の皆様に日本の文化と芸術の理解を深めていけると確信しております。

(3) 実施内容：夏祭りは日本の農村や庶民の娯楽として楽しまれてきました。来園者にその雰囲気を体験いただくべく幽玄な景色を背景に大太鼓と日本の歌を演奏しました。また、コーデン城の日本庭園に関する作庭方法ついての講義、また日本庭園管理技術のワークショップを開催しました。併せて生け花、書道、日本の歌、居合道、弓道の紹介、日本食の出店を行いました。

(4) 期 間：平成30年9月1日〜平成30年9月2日 （2日間）

(5) スケジュール：
大太鼓の演奏　1日3回
生け花講習　1日1回
生け花実演と展示　終日
墨絵講習　1日1回
書道、墨絵実演、展示　終日
日本の歌コンサート　1日3回
居合道実演　1日3回
弓道実演　1日1回
コーデン城内日本庭園復元に関する講義1日1回
日本庭園作庭技術の講習　1日1回
その他盆栽、絵詞展示は終日行われた。

(6) 入場者・参加者数等：477人

(7) 入場・参加料：入場料£15　午後3時以降の入場料£6　講義参加料£10

(8) 広報：イベントの宣伝は主にウェブサイトとフェイスブックで広報された。ポスターとフライヤーは100部ずつ印刷され、地元の商店、公共機関などで掲示された。イベント開催中にBBCのインタビューを受け、ラジオでこの事業について翌日放送された。また、今回のイベントの様子は地元の新聞に掲載された。

(9) ソーシャルネットワークサイト
https://www.facebook.com/events/2051899081494960/

協賛機関、出演者ウェブサイト
https://www.edinburgh.uk.emb-japan.go.jp/itpr_ja/00_000363.html

https://www.taiko.co.uk/dates/2018/mugenkyo-at-the-cowden-japanese-garden-summer-festival-

(10) テレビ、ラジオ、新聞
https://www.bbc.co.uk/news/uk-scotland-tayside-central-45375602

https://www.alloaadvertiser.com/news/16607948.big-welcome-at-japanese-garden-festival-this-weekend/

https://www.alloaadvertiser.com/news/16695171.pics-families-come-out-for-japanese-garden-festival/

写真-52 地元紙に掲載される

（11）参加者等のアンケート結果の概要等

参加者のアンケートは実施しませんでしたが、主催者のソーシャルネットワークのサイトでたくさんのフィードバックをいただいた。イベント開催日より3ヶ月ほど前に一般公開される様になったコーデン城日本庭園を見学し、また日本の文化に因んだ講演や芸能を同時に楽しむことができ、終日家族で楽しむことができた。9月1日土曜日の午前中はあいにくの雨天で参加者はやや少なかった。イギリスとスコットランドに基盤を置く、日本の芸術芸能を主に訓練と実践をしている団体と交流を持てた。

（12）効果的な経費支出

各芸能芸術出店出演者は可能な限りスコットランドおよびイギリスを拠点としている個人やグループに参加を依頼し、旅費の削減を図った。イベント当日の交通整理、参加者誘導と案内、会場の夜間警備、当日チケットの販売などは地元のボランティアによって運営され、多大な人件費の削減となった。

（13）実施により実現できた具体的な成果・効果

今回のイベント開催により地元住民だけではなく、地方自治団体、スコットランドを拠点として活動している各日本芸能芸術グループなど、多くの人々に復元工事などハード面の計画だけでなく、計画中建設物の利用計画などソフト面についても知っていただけたことは大きな成果である。また今回確立した組織的な繋がりは今後より大きな範囲で効果を示すと期待される。

（14）助成金を受けたことによる具体的な成果・効果

日本芸能芸術グループの主演、講演は今回のイベントの主となる催しで、これらのグループの出演料は助成金の主な経費として支出された。当イベントはこれらの実演、演奏を中心にして計画され、他の出店や活動は中心の催し物をサポートするように計画された。助成金によって出演と講演が可能となったことにより、それをサポートする出店や活動も魅力ある催しとして訪れた人々に楽しまれた。

（15）実施上の問題点及び今後の課題

イベントの会場は公共交通機関でのアクセスが難しく、自動車での来場が中心となった。コーデン城の駐車場はいまだに工事中の為、駐車できる台数に制限があり、前売チケットの販売枚数も制限した。今後は工事の進行により駐車可能台数も

増え、収容できる来場者数も増加すると想定される。

（16）成果の今後の活用計画・方策

現在のコーデン城日本庭園の復元工事は園路の舗装を残した状態で、庭園内外に施設の建設計画が立てられている。建設計画されている建物ができた際に、今回のイベントで実演された生け花や書道の講習会を定期的に行ない、継続的に今回のような年に一度の特別イベントを開催し、コーデン城日本庭園が日本文化と日本の芸術に触れ、学ぶことのできる場所として多くの人々に認知されることを願う。

4 ‒2019（平成31）年度 コーデン城日本庭園四季の文化交流公演展示

2019（平成31）年度日本万国博覧会記念基金助成金交付申請を行ない採択された。8月31日、9月1日の2日間実施した。

（1）ポスター・チラシの内容

■ 2019 年 8 月 31 日 土曜日 10:30 – 16:00 料金：1 人 £50

プログラム

10:30 – 11:45 日本庭園修復チームによる茶道デモンストレーション（デモンストレーションと非公式の話）

11:45 – 13:15 ランチとガーデンビジット

13:15 – 14:15 福原教授によるカウデンガーデン修復講座（講演）

14:30 – 16:00 墨絵画／日本の書道と日本庭園デザインとの関係（講演・デモンストレーション）

ガーデンエントリー、終日の講義プログラム、軽いランチ、紅茶／コーヒーは終日利用。

情報

このイベントとランチは、マーキーで行います。適切に服を着てください。
ガーデンゲートは午前 10 時に開き、到着時にフロントまでお知らせください。
最大 50 人。

■ 2019 年 9 月 1 日 日曜日 10:30 – 16:30 料金：1 人 £75

プログラム

参加者が 2 つのグループに分かれた終日プログラム。
イベント前にグループが分かれており、友人と一緒に参加したい場合は、ご予約の際にお知らせください。

午前

グループ 1 - 福原教授による日本庭園デザインワークショップ（講演・ドローイング）

グループ 2 - 日本庭園建設トークと庭園の要素を見て歩く。その後、松川純也と水野大次郎による四目垣の制作の実地指導

ランチ

グループ 1&2 ランチ（紅茶／コーヒー、サンドイッチ、ビスケット）とガーデンツアーとケイトホワイトコーデンヘッドガーデナーによる日本庭園メンテナンスに関するディスカッション。

午後

グループ 2 - 福原教授による日本庭園デザインワークショップ（講演・ドローイング）

グループ 1 - 日本庭園建設トークと庭園の要素を見て歩く、その後、松川純也と水野大次郎による四目垣の制作の実地指導

ガーデンエントリー、終日の講義とワー

クショップ、軽いランチ、紅茶 / コーヒー、
ワークショップ資料を提供しています。
情報
完全防水と防水ブーツで来てください。
活動は、歩行。さらに詳しい情報が必要
な場合は、お問い合わせください。

ガーデンゲートは午前 10 時に開きますの
で、到着時にフロントまでお知らせください。
チケットとして確認メールを印刷してく
ださい。
最大 24 人。

（2）実施当日の状況

写真-53 コーデン城日本庭園復元内容の講座

写真-54　作庭の設計作業

写真-55 作庭技術のワークショップ

写真-56　作庭完成

写真-57 参加者と集合写真

写真-58　墨絵ワークショップ参加者と

（3）今後の実施予定

2020 年 3 月 14 日、15 日の 2 日間にも同
内容にて文化交流公演展示を行なう予定
である。

おわりに

海外での日本庭園調査、設計、作庭、維持管理、庭園文化紹介講座、庭園作庭ワークショップ活動も22年になる。2018年9月には、その集大成とも言える「コーデン城日本庭園復元工事」で、日本文化紹介の催しを行なった。

2013年8月に森に覆われたコーデン城内日本庭園を訪問した時には、ほとんど日本庭園の姿を見せてはいなかった。2014年1月から復元について打ち合わせ、現地調査、資料収集をし、2016年9月まで復元、作庭を行ない、5年目の2018年9月に文化紹介、修景作業を行なったのである。

建築ができあがって庭作りが行なわれるのが一般的であるが、コーデン城ではその逆で、庭園の復元、作庭がある程度できあがり、そこから茶室、パビリオン、迎賓館など、寄付が集まり次第順次建築される予定である。まだ全ての完成までに5年〜10年はかかりそうである。

作庭は5年、10年、50年先を見据えて行なっている。復元工事の解説とともに、生け花、書道、太鼓、民謡、居合、弓道などの日本文化を紹介することは庭園の維持管理のためにも重要な役割を担っている。

2017年1月からは、「イタリアローマ日本文化会館日本庭園」修景のため現況調査を始め、2020年の修景完成を目指して設計を行なっている。

〈信念はイエス〉

ノーはありません。依頼された庭仕事は断りません。

時間、予算等で余程のことがない限り作庭で妥協はしません。

庭は一人では作れません。多く人が集まり、協力して初めて庭ができます。チーム作りが重要です。チームの仲間に感謝しています。

〈海外で日本庭園を見る目、考えも変わってきた〉

依頼者が庭を求める動機は様々だが、日本旅行、住んだ思い出、日本文化への憧れなどを、形あるものとして自身の庭園の一角に日本庭園を望まれることが多い。

日本の庭はかくあるべし—鳥居、灯籠、水鉢さえあれば日本庭園—と思われてきたところもあり、「そうじゃない、鳥居は宗教的なものだから違う、それらの物がなくても庭はできる。そう、自然を表現すれば良い」「外国人が作成した庭は日本庭園ではない」と思ってきた。

しかし、その考えは違うのではないか、と最近思い始めている。こちらの考えを押しつけているのではないだろうか。庭はもっと自由でいいのではないか。作る人よりもその庭を楽しむ人、使う人こそが大切である。作り手が押し付けるべきではないと思うようになっている。

造園の仕事を26歳から始めて44年になる。今までに仕事で関わった公園、庭園を機会あるごとに見に行っている。時間の経過によって木々が成長し、公園、庭園の景色が移り変わっている。園内の構造物や舗装が

所々傷んでいることもあるが、来園者で賑わっていたり、美しく維持管理されている公園、庭園を見たりするとほっとする。大切にされているのか、いないか、見ればわかる。

公園、庭園は使われ、見られて輝きを増す。筆者が常に大切にしていることは公園、庭園を利用される人々がどのように感じているかである。

公園、庭園のベンチに座って来園者を観察する。そうするとその姿が見える。しまった、良かったと感じることと様々である

るが、その瞬間が大切である。手直しするなら、ここを、あそこをこうしようと考えている。そのことが次に繋がっている。

今まで作ってきた公園や庭園はそこで終わらない、連続した仕事なのである。次なる仕事に向かって大きな助けになっている。これからも同じように公園、庭園のベンチに座っていつまでも眺めている。

今までにお世話になった人々に心から感謝申し上げます。

信頼できる仲間、卒業生、多くの学生とともに

トルコ、フランス、イギリス、それぞれの庭作りで出会った全ての人々に感謝している。

アンジェラ（キューガーデン内日本庭園から）／マークブリジャー（キューガーデン内日本庭園、ブッシーパーク日本庭園）／ジムガーディナー（英国王立ウィズリーガーデン内ロックガーデン）／スティーブ（チェルシーフラワーショー出展庭園、イギリス・ロンドンイートンプレイス日本庭園）／ジョンソン会長（イギリス・ロンドンイートンプレイス日本庭園）／建築家メルビン（イギリス・ロンドンイートンプレイス日本庭園）／サラ（コーデン城日本庭園復元）／ロバート卿（コーデン城日本庭園復元）／土木家デービット（コーデン城日本庭園復元）／ジャスティン（コーデン城日本庭園復元）／グレアム・ハードマン（JGS）／グレアム（JGS）造園家辻井博行（チェルシーフラワーショー出展庭園、ウエールズ国立植物園内日本庭園、英国王立ウィズリーガーデン内ロックガーデン、ロスチャイルド美術館内日本庭園、トルコ・エスキシェヒル日本庭園、イタリア・ローマ日本文化会館日本庭園）／乾（志水）彩子（タットンパーク内日本庭園、チェルシーフラワーショー出展庭園、ロスチャイルド美術館内日本庭園、英国王立ウィズリーガーデン内ロックガーデン）／ガーデンデザイナー浜本規子（チェルシーフラワーショー出展庭園、ロスチャイルド美術館内日本庭園、イギリス・ロンドンイートンプレイス日本庭園）／菱井愛（チェルシーフラワーショー出展庭園、イギリス・ロンドンイートンプレイス日本庭園、ロスチャイルド美術館内日本庭園、コーデン城内日本庭園復元）／庭師松川純也（イギリス・ロンドンイートンプレイス日本庭園、コーデン城内日本庭園復元）建築家金森清正（チェルシーフラワーショー出展庭園、ウェールズ国立植物園内日本庭園、ロスチャイルド美術館内日本庭園、イギリス・ロンドンイートンプレイス日本庭園）／石本寛治 夫妻（トルコ・エスキシェヒル日本庭園）／造園家吉田宏昌（チェルシーフラワーショー出展庭園、ウェールズ国立植物園内日本庭園）／造園家武田純（チェルシーフラワーショー出展庭園、ウェールズ国立植物園内日本庭園）／庭師水野大次郎（コーデン城日本庭園復元）／造園家清水正之（チェルシーフラワーショー出展庭園、タットンパーク内日本庭園、英国王立ウィズリーガーデン内ロックガーデン、ロスチャイルド美術館内日本庭園）／建築家狩野忠正（キューガーデン内日本庭園、ロスチャイルド美術館内日本庭園）／ズーデザイナー 若生謙二（タットンパーク内日本庭園）

今までのプロジェクトに参加していただいた方々

〈社会人〉松田里美、木村里社、淡路屋仁美、横川和彦
〈大阪芸術大学生〉木村都子、元原孝人 , 奥明洋、大瀬英子、堀川孟史、上田知樹、薮内祐基、横尾慎介、三好真弘、石井里佳、小原綾華、由良燕、清水茉里奈、江川佳奈子、堀口城介、山上栄介、山本大、赤木耀、田中健、山本克弥、井関由利子、山本朋、山田秀、前田匠、井坂匠吾、大西宏美、数宝奈保、長崎帆乃夏、和田桂規

「海外で作庭に関わって」

29歳という遅い転職で造園の世界に足を踏み入れてから早くも20年が過ぎた。奇しくも2001年福原先生と出会い現在に至るまで海外での仕事に関わらせていただいたがその中で多くのことを学ぶ機会を得ることができた。福原先生の指導の元我々が行ってきたことは単に海外で日本庭園の景色を作っているのではなく、自然に寄り添って美しいものを見出し、使用する日本人の心、姿勢を海外において庭づくりという手段で表現しているのだと思っている。それは多額の資金を投入して、日本の材料を使って作庭するのでなく現地の文化、歴史背景、気候、国民性を出来る限り理解し、現地の材料の特徴を見いだし、現地の景色に調和した庭づくりをすることである。調和とは現地の材料だけを使って景色が調和することだけでなく、人の調和も含まれている。日本人の庭、自然との付き合い方、考え方と現地の人々の考え方が相互理解されることでもある。現在、コーデンの日本庭園では2013年に訪れてから測量、設計期間を経て2014年夏より現地スタッフとの混成チームにより現在に至るまで施工が継続されている。施工、管理は現地スタッフと共に打ち合わせを密に重ねて行ってきた。まさに調和そのものであると感じている。さらに2016年のプレオープン後には万博基金の助成を受けて庭園管理しているガーデナー達と共に年に2回の日本庭園および日本文化に関わるワークショップを庭園で開催している。先人達は日本の庭で様々な催しを開き、豊かな時間を過ごしてきた。今後は海外の日本庭園を彼らの感性で体験し、新たな日本庭園の価値を見いだしてもらえれば幸いである。継続している施工と共にそのサポートを継続して行っていきたいと切に願っている。

庭まつかわ　代表　松川純也

「日本と英国の架け橋」

大阪芸術大学の環境学科を卒業し、英国でランドスケープアーキテクチャーを学び、修士号を取得。その後英国の造園会社でランドスケープアーキテクトとしてロンドンを中心に、地方自治体や、ハウジング団体と都市緑地や公園、遊技場の再生と改善の計画とその運営をする。英国ランドスケープ協会の認可を受けた後、momiji design LTDを設立。2012

年からロンドンの個人庭を中心に、デザインと施工を手がける。この頃から、福原教授が委託された英国に現存する日本庭園の改修や復元計画工事、個人庭作庭の計画運営と工事に関わる。

この20年間で、諸外国の人々が日本の美術や文化に憧憬し、それぞれ討究し自分の土地に日本庭園を造ったという歴史の一端を、100年以上も経ったそれぞれの庭園の中で目撃することができた。現在でも、たくさんの人がガーデニングを愛好するイギリスで、日本庭園は特に魅力的で興味深く考えられている。

現在では、そういった時代がかった諸外国の日本庭園は、管理運営の問題を多々抱えている。文化や美術の違いで、日本的な維持管理の意図や技法がうまく伝導されないことがある。今後、歴史的な諸外国の日本庭園の修復や復元計画、工事、管理を通し、どのように日本庭園をその土地の気候や思考に合わせて工事、管理をしていくかが課題である。私は、日本人として英国での作庭を通して、日本の文化と美術の魅力を敷衍していきたい。

momiji design LTD 代表　**菱井　愛**

「幸造り」

2014年、東京の造園会社に勤務していた私は前著「日本庭園を世界で作る」を読み、福原先生を知りました。直接大阪芸術大学に連絡を取り、福原先生に渡英する旨を伝えたところ、京都でお会いし、ロンドン在住の造園家菱井愛さんを紹介していただきました。

2015年8月よりスコットランド「写楽園」の復元プロジェクトのチーム福原に参加させていただき現在に至ります。現在開園している「写楽園」は地元や遠方からの来園者に楽しまれ喜ばれています。

この貴重なプロジェクトを通じ、技術的な事を学んだことと、出会えた人達との関わりが大きな財産となりました。国を越え、庭を造ると言う事は、物理的な完成や文化交流だけにとどまらず幸造りも同時に行うという事を実感しました。

Omodaka Landscapes 代表　**水野大次郎**

An Appreciation

....

I first met Professor Fukuhara in 2013 when he and his team came to my home in Bridge of Allan to install a dry Japanese garden (Karesansui). I introduced him to Sir Robert Stewart, owner of the Cowden estate. Sir Robert invited Professor Fukuhara to resurrect his Japanese garden to its former glory and five years later we can see the wonderful transformation to the beautiful garden it once was. I am delighted to be a volunteer guide, helping visitors understand and appreciate the garden.

Working or sitting in my own Japanese garden relaxes my mind, body and soul, where I can forget the stresses and strains of everyday life, listen to the wind rustling in the trees, the ripple of the water in the pond, birds singing in the trees and enjoy the borrowed landscape (Shakei) around the garden. From a waterfall, a dry stream feeds into a dry pond with a turtle island in the middle symbolising longevity. Positioning of stones is very important and Professor Fukuhara looks long and hard before deciding on the placing of each stone , lantern or plant. Pine trees, a crane symbolising prosperity, moss, and lovely mounds and plantings of maples, cherry, camellia, azalea, hemerocallis, pieris, skimmia and other shrubs surround the pond. Japanese gardens are labour intensive, but the work is compensated by the amount of enjoyment, and relaxation gained. Cutting the grass with scissors is a form of meditation for me. My Japanese garden is an oasis of calm in our busy world.

Professor Fukuhara is a perfectionist, and with his team of Ai, Junya and Daijiro, he has followed the original garden plan at Cowden, as well as bringing the garden into the 21st century. It will be enjoyed by visitors for many years to come.

Rosemary Leckie
March 2020

福原成雄

出身：京都府
専門：造園、文化財庭園調査
学歴：1975 年　大阪芸術大学環境計画学科卒業

職歴

2000 年	チームフクハラ設立
2004 年 4 月〜	大阪芸術大学芸術学部環境デザイン学科　教授
2005 年 4 月〜	大阪芸術大学大学院芸術研究科　環境・建築　教授
2005 年 4 月〜 2007 年 2 月	岐阜県立国際園芸アカデミー非常勤講師
2010 年 5 月 5 日〜 16 日	メルボルン市 /ISS 研究所
	国際フェローシップメルボルン市主催　海外特別研究員
2012 年 4 月〜	大阪芸術大学芸術学部建築学科　教授

受賞

1999 年 7 月	英国 Tatton Park フラワーショー出展日本庭園　特別賞受賞
	The Royal Horticultural Society
2001 年 5 月	チェルシーフラワーショー出展日本庭園　金賞・最優秀賞受賞
	The Royal Horticultural Society
2003 年 5 月	世界に向けた日本庭園技術・芸術の情報発信への貢献
	—チェルシーフラワーショー 2001 出展日本庭園—
	平成 14 年度日本造園学会特別賞受賞　社団法人日本造園学会
2010 年 5 月	メルボルン市 /ISS 研究所国際フェローシップ受賞

著書・執筆

2002 年	特集 歴史文化遺産の再生「タトンパーク日本庭園失われた謎の再生」
	『LANDSCAPE DESIGN NO 27』マルモ出版
2002 年	対談記事掲載 『TALKING ON AIR 葉加瀬太郎と 50 人のヒューマ
	ン・トーク』
	リットーミュージック
2007 年	『日本庭園を世界で作る』学芸出版
2008 年	「海外に調和した日本庭園をつくる」『小さな庭と玄関前』主婦と生活社
2008 年	「知恩院方丈庭園の謎」『知恩』浄土宗総本山知恩院
2013 年	「特集日本の庭」『YUKARI』マガジンハウス

社会活動

2000 年 3 月	国際園芸・造園博「ジャパンフローラ 2000」国際コンテストクラ
	ス審査団審査委員
2001 年〜 2018 年	堺区花と緑のまちなみコンクール審査委員
2006 年度	第 23 回全国都市緑化おおさかフェア自治体出展庭園コンンクール
	審査委員長
2013 年〜	大阪さともり地域協議会審査委員
2014 年〜	大阪府文化財保護審議会委員
2019 年〜	岸和田市文化財保護審議会委員

作品歴

2010 年	トルコ・エスキシェヒル市日本庭園設計・施工監理
2011 年	千葉印西データーセンター造園設計・施工監理
2011 年	シャレード荻窪中庭造園設計・施工監理
2011 年	イギリス・ロンドンイートンプレイス宿泊施設造園設計・施工監理
2012 年	泉大津市制 70 周年記念庭園設計・施工監理
2012 年	医療法人社団光樹会ケアセンター屋島西中庭設計・施工監理
2012 年	神戸女学院景観調査
2012 年	社会福祉法人　桃花塾環境整備計画調査
2013 年	トルコボドルム市日本庭園基本設計
2013 年	香川県志度寺庭園文化財調査
2014 年〜	スコットランド・コーデン城内日本庭園復元工事設計・施工監理
2017 年〜	イタリア・ローマ日本文化会館日本庭園修景計画
2020 年	エジンバラ・ローズマリー邸庭園工事設計・施工監理

世界で造る日本の庭園

令和 2 年 5 月 1 日初版一刷発行

著　　者　福原成雄

装　　丁　高橋善丸
発 行 者　合田有作
発 行 所　光村推古書院株式会社
　　　　　〒 604-8006
　　　　　京都市中京区河原町通三条上ル下丸屋町 407-2
　　　　　ルート河原町ビル 5F
　　　　　PHONE 075（251）2888
　　　　　FAX　　075（251）2881
　　　　　http://www.mitsumura-suiko.co.jp
印　　刷　株式会社シナノパブリッシングプレス